快乐学习 快乐成长

杨菊英名师工作室书系之二

Happy English Happy growth

马 慧/主编

敦煌文艺出版社

图书在版编目（ＣＩＰ）数据

快乐学习，快乐成长 / 马慧主编. -- 兰州：敦煌
文艺出版社，2019.5（2022.1重印）
（杨菊英名师工作室书系；二）
ISBN 978-7-5468-1706-4

Ⅰ．①快… Ⅱ．①马… Ⅲ．①英语课－教学经验－中
学 Ⅳ．①I633.412

中国版本图书馆CIP数据核字（2019）第035861号

快乐学习,快乐成长

马 慧 主编

责任编辑：赵 静
封面设计：孟孜铭

敦煌文艺出版社出版、发行
地址：（730030）兰州市城关区读者大道 568 号
邮箱：dunhuangwenyi1958@163.com
0931-8152172(编辑部）
0931-8773112 0931-8120135(发行部）

天津海德伟业印刷有限公司印刷
开本 710 毫米×1000 毫米 1/16 印张 13.75 插页1 字数240 千
2019 年 5 月第 1 版 2022 年 1 月第 2 次印刷
印数：1 001~3 000

ISBN 978-7-5468-1706-4
定价：40.00 元

如发现印装质量问题，影响阅读，请与出版社联系调换。

本书所有内容经作者同意授权，并许可使用。
未经同意，不得以任何形式复制。

前　言

新课程实施以来，新的教育理念引导着教学改革，课堂教学发生了很大的变化。如何教会学生掌握科学的学习方法，增强学生学习的积极性和有效性，提高课堂教学效率，让学生快乐地学习，幸福地成长，成了我们大家共同面临的问题。本书立足课堂，以作者自身教学实践为例，从琼林采撷、教苑漫步、学海泛舟、心灵驿站、家长之友五个方面进行探讨。

"琼林采撷"以教师成长、更新教育思想、智慧做教育为主题，意在表达"只有教师快乐地教才有学生快乐的学"。实现教育转型，就是把教育变简单的理念。

"教苑漫步"以聚焦课堂、教学研讨为主题，突出"课堂是教师终生守望的主阵地，教研是教师常教常新活力的源泉"。教育创新，说到底依然是教育的回归。学科教育要以科学的精神，科研的态度去研究。

"学海泛舟"以学法指导为主题，举出成功学生的学习案例，突出"学生是学习的主体，老师只是一个引导者"。高效课堂之法是学生学习之法，学习的规律就是教师教学的规律，只有懂得此法才能深谙教学之法。

"心灵驿站"以学生学习及成长的苦与乐为主题，与学生交流，讲述师生共同进步的故事。教育是最廉价的国防教育，我们教育的目的是让孩子成为合格的公民。支撑教师日复一日工作的不是热情，而是一颗敬畏生命的心，真正的教育是让每个人成为他自己。

"家长之友"以家长的家庭教育方法、各年级段的学生特点、家庭教育故事为主要论述点，讲述了孩子成长过程中的规律及困惑，帮助家长找到家庭教育正确的方式方法。一位母亲曾说："教育孩子的过程，就是教育我们自己的过程。"

本书中没有注明具体作者的文章全部选自杨菊英英语名师工作室作品集《教师物语》和《杨柳新枝》，是工作室成员辛勤汗水的结晶。作者们以自身长期的教学实践积累为素材，结合新课程实施以来，新的教育理念引导英语教师从思维理念到教学方法的更新，以及科目专业教师在教学中如何教育培养学生健康成长的感悟，无一不凝结着老师的思考和努力。这些英语课堂教学的新思维和教育学生健康成长的朴实做法，是来自一线教育教学的想法汇聚，它们或许与"创新"仍有差距，但有着难得的实用性，是工作室成员在英语教学中一直坚持并取得良好收效的窍门，读来醍醐灌顶，促人反思。

由于编写时间仓促，疏漏之处在所难免，敬请广大读者不吝指正，以便今后改正。

编　者

2018 年 12 月于金城

目

录

Contents

第一辑 琼林采撷

第二辑　教苑漫步

第三辑　学海泛舟

第四辑　心灵驿站

3

第五辑　家长之友

第一辑

琼林采撷

　　教育，本该生动有趣，这是教育的应有之色，也是教育的可贵之处，更是教育的高贵所在。说教育本应生动有趣，不是无视或淡化它的困难，而是在遇见时，依然从容、优雅，行到水穷，坐看云起。

　　面对千差万别的孩子，充满各种变化与可能，充满对智慧与人格的考验。也正因为如此，激发着教师不断挑战自己，建设自己，在渐进中收获一个更好的自己。

一起走过的日子

文 / 李尚杰

时光如白驹过隙，转眼已从教十一年了。回望这段教育时光，常常会被不同的生命所感动。陪着孩子们成长是一件多么有趣的事情！每每想起和孩子们一起走过的日子，心里就被阳光洒满……

班长的故事

班干部选拔和管理是班级管理中的重要环节。

我的班干部管理模式是"金字塔式"而又扁平化的，实行班长负责制和全员参与平行管理相结合的模式。选拔过程是民主推荐和老师提名并行。

在班干部选拔时，我并不唯成绩论，而是看候选人是否具备担任班干部的能力，在班上是否有一定的影响力。以我班的一位班长为例，她个性鲜明，活泼大方，学习成绩中上，且一身正气，对班级工作充满热情，所以在大家民主推荐班干部候选人时，她脱颖而出，成为同学信赖、老师认可的好班长。在三年的学习、生活中，她细致、耐心，在带动全班的同时，也很好地锻炼了自己的才干。我们给她充分的信任，她也用辛勤的工作换来了大家的认可。

唯才是举，不拘一格，扬长避短，全面发展。

领唱的故事

我们班的大多数学生，家庭条件比较优越，个性张扬，对班级和集体缺乏应有的认同感，所以开展班级集体活动的重要性便不言而喻。我把班级集体活动分为两类：学校组织、需要班级参与的活动和班级自己组织的活动。

学校的大型活动主要有运动会、艺术月和其他主题教育活动，涉及班级荣誉和凝聚力，所以班主任要高度重视，积极组织。一次好的活动，不仅能够增加班级的凝聚力，也是因材施教的好时机。

记得有一次，学校组织大合唱比赛，因为歌曲的原因，我们班需要选两名同学当领唱。班上有好几个学生踊跃报名了，选谁呢？首先肯定是要选唱得好的学生。可是几个学生的水平都差不多，都可以很好地完成此项任务，于是，我在犯难的同时又有了新的想法。我力排众议选择了一个成绩平平，平时也不显山露水的腼腆的小姑娘。当我宣布时，她意外的眼神里充满了喜悦。在那次合唱比赛中，她用自己优异的表现征服了评委。更好的变化是，在之后的学习、生活中，她自信多了，开朗多了，成绩也有了较大的进步……

有心栽花，无意插柳，因材施教，润物无声！

班会的故事

我的班会分为"常规动作"和"自选动作"。"常规动作"就是学校统一要求的八次主题教育班会。学生分组轮流主持，每次提前一周策划，大家参与，形式多样。"自选动作"就是在学校要求以外，我们班级的自主班会。例如美食交流会、读书分享会、趣味运动会等多种形式。

不论常规还是自选，我都是一个会"偷懒"的班主任，所有班会活动，我只参加，不指导；多倾听，少表态。今年学生毕业前的最后一次班会，我让大家回忆这三年里最有意义的事情，结果很多孩子回忆起了美食班会和趣味游戏，回忆起了我在课堂上讲过的学科外的故事，回忆起了我们在一起度过的欢乐时光。有几个孩子说："李老师，你讲的课文内容我几乎都忘了，但是你在班级活动里的一言一行给我留下了深刻的印象。"

听到他们这样说，我满心欢喜。《倚天屠龙记》里，张无忌忘记了张三丰教授的太极拳招式，却领会了太极虚实的结合以及静中有动的精髓要义，我和学生的故事应该与此有异曲同工之妙。

教授知识只是一个老师应尽的基本义务，而影响学生做人、做事才是教育的真正目的和深远价值。形散而神聚，历久而弥新！

"小满"的故事

"小满"是我们班上的一名学困生，平时沉默懒散，事事落后，基本达不到各科老师的任何要求，整天浑浑噩噩，得过且过，除了睡觉，再无爱好。一开始，我也是满怀信心地跟他沟通，他也碍于我的殷勤而有所触动，但最终我们都输给了时间。在他一次次的反复和家长的无动于衷里，我也默许他就这样了。从初二开始，他变本加厉，把自己紧紧裹进了厚厚的"套子"里，与世隔绝。我想，只要不影响别人，就随他去吧。就这样相安无事地过了一年，"小满"在初二下学期不来上学了。说实话，我也只是跟他的家长沟通了几次，再没有任何的行动和努力。就这样，他渐渐消失在了我们的视野里……

前几天看到他的中考成绩，我的心里挺不舒服，怪他不争气，怪家长监管缺失，但更多的是对自己作为班主任老师，却没有竭尽全力地付出，没有真正俯下身子去跟他温暖交流的深深自责……

教育不是万能的，但如果我们能再努力一点，再细致一些，是不是真的会有不一样的结果？没有爱就没有教育，此中有真意，欲辩已忘言……

一起走过的日子，漫长、艰辛，却也精彩无限。每一届学生都是相同的，每一个学生又是不同的。在相同的岁月里留下了我们青春的印记，在不同的经历中铭刻了我们教育的真言：教学相长，有教无类，以爱育爱，百年树人！

我们的"秘密花园"

文 / 王招妮

　　新班级组建之初，我欣喜地发现，班级里积极主动帮助老师的学生特别多，尤其是小吕同学，不仅入班成绩好，各方面也都很出色，全身散发着浓浓的才气和傲气，有她在，很多事情做起来都能够得心应手，于是我放下了连日以来的焦虑。她应承下了班级的许多事情，如板报绘制、班徽设计、班级印章刻印等。在班干部竞选中，她也以激昂的演讲高票当选政治课代表。她是二班的"明星"，吸引着所有人的目光。

　　可接下来事情谁也没有料到。板报是家长找了绘画老师周末绘制的，班徽设计图是在网络上随意找的，而且她根本就不懂印章刻制，所以她妈妈打电话询问我所需印章的规格，她好跟制作印章的店家交流。这一切令我瞠目结舌！原来大家眼里优秀的她全靠父母的"包装"。可是，那样满是光芒的眼神，为什么全是伪装？

　　终于到了期中考试后的家长会。"自私""霸道""早恋"……同学们口中议论的这些话语，我对她的妈妈和盘托出。伤心的妈妈泪流满面，一时间让竟让我不知所措。在随后的交谈中我才得知，小吕在小学阶段便问题颇多，进入新集体之后，父母鼓励她重新塑造形象，这才有了从一开始到现在的巨大落差。

　　家长会后的某天上午，我打开电脑，十几条 QQ 留言"滴滴滴"地跳了出来。小吕的妈妈在留言中详细地诉说了孩子的成长经历，谈及对孩子的溺爱以及发现问题后的暴力和屈服，以至于到后期，对孩子只剩下了暴力和指责。

　　我不免对孩子心生同情。好在妈妈的反思也很深刻，甚至提出辞职，专心照顾孩子。作为班主任老师，我也有责任和义务去引导孩子、改变孩子。于是，在和家长的反复沟通下，我们制订出了包括严格控制零花钱、手机的使用等针对孩子的多项计划，其中最重要的便是一本被我们称之为"秘密花园"的家校联系册。

不曾想，就这样一本简简单单的家校联系册，在坚持了一个月之后，竟然让孩子发生了惊人的变化。妈妈眼里的孩子变得乖巧懂事，老师眼里的孩子开始主动学习，家校联系册像是一座桥梁，连接着孩子、家庭与学校，也像是一根纽带，维系着三者之间的情感。

某日清晨，我拿到家校联系册时，不经意间瞥见扉页上的一段话："我用指尖画心形的圈，然后碎碎念，想象你能听得见。好想问你，对我有没有信心。在爱的幸福国度，你就是我的唯一，我唯一爱的就是你。"

还有更好的消息，小吕在近期的期中考试中荣获校级进步二等奖。

有爱就有光，这光来自每个学生的内心。那每扇心门的背后，都藏着一个个星光熠熠的宇宙，藏着一个个熠熠生辉的未来。以爱为手，用平等、尊重的心去把未来——打开。冰心言："爱在左，情在右，走在生命路的两旁，随时播种，随时开花，将这一径长途点缀得花香弥漫，使穿枝拂叶的人，踏着荆棘，不觉得痛苦，有泪可落也不是悲哀。"

虽然执教不足两年，但我深知为师的平平淡淡与真真切切。我知道所有的收获、所有的成果、所有的创造都源于爱。不求能早一日被人称赞、记住，有培育出一朵花的欣喜，有洒下一串汗珠的辛劳，有收获一捧粮食的满足，有这些，有爱，就够了！

他的心里有一眼纯净的泉

文 / 马晓婧

这是一个有点特殊的孩子。

开学初，他给我留下的第一印象并不好。当时是课堂默写环节，时间已经过了许久，可他的纸上只写了歪歪扭扭的两行字，显然是彻底没有背会的样子。我有些无奈，要求他把书翻开，工整地抄写一遍。但他置若罔闻，一声不吭地低着头，继续慢慢写着那扭曲了的一横一竖。我有点生气了，便直接把书摊开放在他面前示意他抄，可他居然一把将书合了起来，固执地推向一边。我压着火气问他为什么不抄，他用低不可闻的声音含糊地说："我会背。""会背还能默写得这么慢？"我彻底火了，认为之前悄悄示意他抄写一遍已经是对这个偷懒不完成作业的孩子非常宽容了，可他居然用这样的态度回应我。忍无可忍之下，那堂课剩下的时间，我都让他站着，好好反省一下错误。

之后的几天，上课时，我的目光都会有意无意地落在他身上，每次看到的都是他垂着头发呆的样子，叫他起来回答问题，他也每次都含含糊糊不怎么出声。大课间学做操时，他的动作极不协调，在队列中显得格外突出。疑惑之下，我私下询问了他的小学同班同学，得到的回答是：这是一个从小就表现得有些奇怪的孩子，反应很慢，往往需要比别人多花两三倍的时间才能勉强完成同样的任务，不擅长语言和情感的表达，也不能很好地控制自己的情绪和动作。

听完他们的描述，我一时间呆住了，看起来，这个孩子身上还有太多我不了解的事情，于是我第一时间和孩子的家长取得了联系。原来，这个孩子真的有些与众不同。他患有多动症，神经发育方面比较滞后，注意力不够集中，对行为和情绪的控制能力有些弱，心智也比同龄的孩子小。他对环境有着特殊的敏感性，对陌生的环境有很强的恐惧心理。值得庆幸的是，伴随着成长，孩子的情况一直在慢慢好转，目前能够每天开开心心地去上学，回到家里也能很主动地完成老师当天留的作业，爱运动，喜爱动物，能主动交朋友。虽然跟人交往时不太能把握适当的距离，讲话比较幼稚，会让成熟一点的孩子觉得不太舒服，但已经比小学时成长了太多。

听完家长的讲述，我的心里有些酸涩，更多的是深深的愧疚和歉意。为了这个孩子所遭受的不幸，也为了我当初不分青红皂白就贸然施加的责怪，更自责于没有第一时间发现孩子的情况并跟家长及时沟通。

从那之后，我放下了先入为主的偏见，开始重新认识这个孩子。渐渐地，他身上美好的品质显露出来。虽然写字、做题要比别人慢很多，但他还是会一项不落地完成作业；走在路上遇到我时，他会悄悄闪在一边，像个小绅士一样抬抬手示意我先走；天生缺乏协调性的他，为了不给班级的广播操比赛拖后腿，用力把每一个动作都做到身体的极限，在他单纯的认知里，这就是最大的努力。有一次，平衡感不足的他下楼时不小心从四五级高的台阶上摔了下去，磕破了嘴唇和膝盖，疼得大哭，但在我给他递水、递纸的时候，他还是会不停地抽噎着说谢谢。家长来接他回家时，他抽泣着一瘸一拐往外走，突然转身向我鞠了一躬，含糊着说了一句"老师再见"。在摔倒的第二天下午，本该在家休息的他又来了学校，只因为当天下午是广播操比赛，他说什么也不愿意缺席，不想让排好的队形里出现一个空缺……

在那个晴朗温暖的下午，看着他小小的、有些不协调的身影，我只觉得鼻子发酸、眼眶发热，他的懂事让人欣慰，他的经历又让人心痛、惋惜。命运在他的成长之路上设置了重重困难，有些特殊的他也必定遭遇过一些不愉快的经历，可他的心依旧如一眼清泉般纯净，他略带懵懂的眼神永远都真诚纯洁，他的世界里充满了单纯的美好。

作为他的老师，我很庆幸能和他相遇，能看到他偶尔露出的灿烂又纯真的笑容。同时我也感到责任重大，因为他就像一株天生细弱的小苗，需要精心的呵护与培育才能渐渐长大，而我正是那个应该守护他的园丁。我希望自己能让他在温暖的班集体中感受到关爱，能在这方天地中守护住他的纯真，能陪伴他在这最美好的年华里快乐地成长。

和我的学生们相伴已近四个月，我深深感受到教育是一件充实且充满幸福感的事。我学会了不武断地评价任何一个孩子，学会了以更多的耐心与包容面对学生，学会了从他们的言行举止中发现点滴的美好，学会了用一颗真心去爱每一个孩子。愿这些美好的生命在我的陪伴与守护下蓬勃地生长，愿他们的心里永远有一眼纯净的泉。

当班主任的第33天

文 / 张婧豫

"张老师，不好了！教室里打起来了！您快去看看吧！"班长跑进我的办公室，气喘吁吁地对我说。什么？又打起来了？刚刚连上了三节课，头晕目眩、口干舌燥的我顿时觉得一个头两个大。事不宜迟，我火速冲到教室，将两个打架的学生带回办公室。

自从32天前接任了这个班的班主任，我每天都像消防队员一样提着水枪到处灭火，今天是顶撞老师，明天是扰乱课堂纪律，讲道理、陈利害、晓之以理……各种教育方法一一尝试过，却总觉得收效甚微。

今天打架的小王更是我们班的"捣蛋分子"，上课爱接话茬，喜欢恶作剧。而另一个孩子小淇，成绩比较好，平时也能约束自己，他们俩怎么会打起来呢？原来是课间时候，成绩好的小淇跟其他孩子打闹，一直到预备铃响了依然闹得不可开交，而一向捣蛋的小王认为他们不应该再继续闹下去，于是上前阻止他们时动手打了人，事情升级为两个人你一拳我一脚，谁也不服谁。

了解情况后，我开始思考。我先入为主的猜测是，成绩好的孩子在管理班级的时候遇上捣蛋分子的抵触引发了冲突，事实竟然刚好相反。望着站在我面前沉默而倔强的孩子，我在想，如果此时我笼统地批评他们不守课堂纪律，不应该打架，或者直接点出两个人的错误，责令他们互相道歉，并不能让他们真正地服气，还有可能引起他们之间更严重的误会。那怎么办呢？我突然想到童话大王郑渊洁曾说过这样一句话："如果有一天我做了老师，就想干一件事，就是拿着花名册转着圈地表扬班里的孩子。人性最本质的东西就是渴望被欣赏，我认为教育孩子的秘诀就是五个字：往死里夸他。"我的目的是要赢得学生，而不是赢了学生，为什么不表扬他们呢？

于是我开口了："课后我会让纪律委员给你们每个人……"我顿了顿，看到两个孩子依然面无表情，于是我笑着说："给你们每个人加5分。"顿时，不可置信的神情出现在他们的脸上。"想知道为什么吗？"我问。孩子们将信将疑地点点头。"因为我从你们身上看到了非常好的品质！先来说小王吧，你在听到预备铃响起以后，不仅能够及时回到座位准备上课，还能够督促身边的同学，不仅说明你重视课堂，还能看出你对任课老师的尊重和对同学的关心。以前你还需要老师提醒你，而现在你已经在努力自律。你的进步，老师都看在眼里。小淇呢，当有人试图用武力干涉你的行为时，你没有畏惧强权，而是坚定地同其做斗争，说明你勇敢、坚韧、有想法。你们这样的好品质，难道不应该奖励吗？"

两个孩子红了脸，刚才的倔强和固执都变成了不安和惭愧。小王先开口："张老师，谢谢您对我的肯定，加分就不用了，我其实也没想那么多，只是想要让他们赶紧回座位。我不应该打人，应该跟他好好说。""我也不应该打人，毕竟是我错在前，小王劝我是为我好。""那么这件事，有没有更好的解决方法呢？"我继续微笑。"有！"两个孩子抬起头，齐声回答。"好，知错固然难得，知错而改之更是难，我果然没有看错你们。刚才答应的加分不变。什么是更好的解决方法呢？我希望你们能继续思考，将这件事排成一个小小的故事剧，在班会课上跟大家一起交流，好吗？""没问题，交给我们吧！谢谢老师！"两个人互相商量着走出办公室。

我翻开班主任记录本，写上"当班主任的第33天，表扬的艺术"。

新时代优秀教师最显著的特征和十点与众不同

文／马慧

教育的根本任务是立德树人，培养德智体美劳全面发展的社会主义建设者和接班人。落实立德树人，教师是关键。正如习近平总书记 2016 年在北京八一中学与教师座谈时提出的 "教师要成为学生的引路人，教育者要先爱教育，教师自身要有理想信念、道德情操、扎实学识与仁爱之心的'四有教师'"，给教师立了标杆，从宏观上提出了要求。那么，我们普通的一线教师需要具备哪些特征才能算是新时代的优秀教师呢？结合美国顶级教师阿兰·保罗·哈斯克维茨的分析和我们的实际教学，我认为优秀教师最显著的特征有以下几点：

1.永不自满。优秀教师的第一个特征是，自己本身是一个优秀的学习者。他们总是渴望学习新东西，扩展自己的知识基础，尝试用更好的方法来获取成功。他们是终身学习者，也培养终身学习者。因此，好教师永不满足于现状。换句话说，最好的教师永远是学生。

2.高期待、严要求。这是优秀教师的第二个特征。高期待、严要求带来的是学生的最佳状态和最佳成绩，并让他们体验成就感。他们会变得更加自信，更加自立，不自满、自傲，为进入成人世界做好更充分的准备，应对不可避免的竞争。

3.培养学生的独立精神。优秀教师善于对学生的进步以及出现的问题进行监控，在必要的时候采取纠正和补救措施。他们并不热衷于"教"，而是热衷于为学生的学习提供辅助。正如一名优秀的经理有一个优秀的团队，即使他不在，公司也能很好地运转。优秀教师培养学生的独立精神，这会让他们终身受益。换句话说，优秀教师并非是在教课程内容，而是在力促学生的深入理解以及思维和学习习惯的养成，把学生培养成独立的学习者。

4.知识渊博且了解学生。优秀教师对所教学科的内容有深入的了解，有能力对学科知识进行各种处理，如重组、简化、个性化等。由于他们精通自己的学科，因此能做到游刃有余。要做到这一点，他们不仅需要付出努力，付出激情，还要能够理解那些不喜欢本学科的学生，有针对性地变换呈现知识的方式，以克服他们的兴趣缺乏。

5.有幽默感。一流的教师有很强的幽默感。他们和学生开玩笑，也接受玩笑。他们虽然不是喜剧演员，但是很能让人愉悦。他们给学生讲故事，指出一些蠢事，在大家遇到困难时带来欢声笑语，且不担心自己成为大家的笑柄。换句话说，优秀教师为了抓住学生的注意力而无所顾忌。

6.有洞察力。优秀教师能够对学生的作业进行快速、准确的评估，能及时评判学生的试卷和其他功课。他们不一定把学生的作业本填满红色的批改记号，但一定会让学生知道哪些是正确的，哪些还需要提高。

7.有灵活性。优秀的教师在整个社区寻求教育资源。他们心中的教育超越了教室四壁，会利用自己的社会关系促进学生的学习。例如，他们为学生请来嘉宾演讲者，向社区募捐，组织学生展示他们的作品供大众欣赏和批评。报纸和时事新闻是他们开阔学生视野的工具。小小的教室与世界相连，他们任何时候都不放过教育的契机。正因为如此，在谈怎样上好一堂课时，他们从来都不会提到教学计划，因为优秀的教师不靠教学计划来上课，他们在课堂上随时捕捉更有激励性的导引线索。

8.办法多样。优秀的教师为学生提供丰富多样的教学方法。他们能把不同学科的课整合起来上，引导学生写研究论文，创作诗歌或美术作品，甚至把体育作为课堂教学的一部分。换句话说，教学行家通过各式各样的途径为学生追求卓越创造条件。

9.精益求精。一位优秀的教师总是精益求精，不会敷衍了事。他们总是争取最好的效果，从不接受借口。因为这个特点，他们不是最宽容的教师。要使下一代有教养，便要求教师有此特征。教育本质上是对心智的训练。一个懂规矩的学生，知道什么是该做的，什么是正确的。优秀的教师知道孩子现在需要什么以及将来需要什么。

10.不循规蹈矩。一名优秀的教师会让学生永不"安心",这也许是最有趣的一个特点。他不会让学生感到厌烦,而是让学生感到被挑战。如果教师有很高超的教学技能,学生放学回家后就会讲自己在课堂上做了什么。他们的内心被教师搅动着、鼓动着,且知道自己要为这些意想不到的挑战做好准备。优秀的教师不会让学生度过相同的两天。

11.沟通能力高超。优秀教师的所有特征都与激励学生学习有关,而其中最重要的特征是高超的沟通能力。

好教师是相似的,不好的教师各有各的不同。优秀教师究竟有哪些与众不同呢?下面来给大家介绍优秀教师的十点与众不同。

1.衣着美一点

爱美之心,人皆有之。衣着端庄的教师,给学生以"身正为范"的感觉;衣着新潮亮丽的教师,能给学生清新亲切的感觉,带给学生一份好心情。美好的教师形象感染、陶冶学生热爱一切美好事物的健康心态。

2.精神振一点

如果做任何事情都带着振奋与热情,世界就会变得多姿多彩,因为这样的人能把困难化为机会。热情最有感染力,能感染学生、鼓励学生以更快的节奏进入学习状态。充满活力的教师最有亲和力,最受学生喜爱;信心十足的老师最有震撼力,最受学生欢迎。

3.微笑甜一点

热情是一种巨大的力量,从心灵内部迸发而出,驱动我们绽放出令学生无法抗拒的笑容,激励学生将沉睡的潜能唤醒,发挥出无穷的才干和活力。一个甜美的微笑,一个鼓励的眼神,对优秀的学生是锦上添花,对那些需要鼓励的学生则是雪中送炭。

4.说话实一点

学生不喜欢泛泛的讨论,也不喜欢喋喋不休的琐碎话。他们喜欢老师的话简单、诚恳、真实、平和而又深入浅出。那充满感情和力量、跳跃着思想的火花、闪动着智慧的话容易唤起学生的共鸣,从而被学生接受。

5.观察细一点

现代教育强调"以人为本"，强调更多地关注个体潜能的充分发挥。理解学生、热爱学生，尊重学生，让每一个学生都获得公平发展的机会，是一件很复杂的工作，它需要教师用心去观察学生的个人品质、个人爱好、个性要求和个人情感，走近学生，因材施教。

6.思考勤一点

时代在变化，社会在进步，学生在发展。教育者的任务不再是向人脑灌输知识，而是教给学生自己打开知识宝库之门、独立思考、独立解决问题的能力。在教育的每一个环节，我们都要以一种新的眼光、新的视角去思考，思考教育的理想境界，思考教育改革的方向，思考"和谐、生动、高雅"的教育方法。

7.方法巧一点

知识即力量，方法即智慧。教育的对象是活生生的人，而人处在不断变化的社会之中，自身也在不断变化。变化的社会、变化的人，决定了教师的工作方法也必须有相应的变化。教师要接受新信息，要有创造性，要能不断出新，要因时而异，因人而异。

8.情绪稳一点

著名的积极思想倡导者皮尔博士主张每日醒来便在心中灌注愉悦思想："想着好的一日，感谢好的一日，计划好的一日，祈祷好的一日，创造好的一日，带信心出发。"保持良好的心境，保持心态平衡，尽量避免一切不良情绪出现在课堂。教师不能让学生的情绪左右自己的情绪，也不能把自己不愉快的情绪带给学生。

9.表扬多一点

人的天性渴望得到他人的赞扬，获得鼓励和表扬是人们维护心理健康的一大因素。老师的表扬是"天籁之音"，可以刺激学生思维的热情，引爆他们对潜在能力的肯定、对理想的追求、对成功的自信和把握。

10.批评少一点

学生受到挫折时，更需要老师的安慰和鼓励。适时帮助学生从失败和挫折中总结教训，吸取经验，从哪里跌倒就从哪里爬起来，这样才能使学生重拾信心，振作精神。批评指责只会降低学生的信心，于事无补。千万记住"皮鞭下有瓦特，冷眼中有牛顿，讥笑中有爱迪生"。

年轻教师成长中的几个细节

文 / 马慧

　　年轻教师在刚踏上工作岗位的时候，会感到手忙脚乱，焦头烂额，理不清头绪。但是只要自己加倍地付出努力，这个适应期很快就能度过。如果自己一味地沉浸在忙乱与无序中，成长进步就非常困难。年轻教师如何尽快适应学校教学？如何尽快成长？现就日常工作中要注意的几个细节总结如下，以便年轻的老师们尽快适应学校教学生活。

　　1.第一天见到自己的学生，不妨把自己的名字大方地写在黑板上，并让学生大声称呼自己。假如他们直呼你名，你要夸赞他勇气可嘉；假如他略去了你的名字，叫你："×老师，您好！"你要立刻回应："你真是个有礼貌的孩子！"

　　2.当课堂出现你不喜欢的噪音时，最好的办法不是大声喊"静下来"，而是用你威严的目光盯住一个学生，等他安静了，你再盯住下一个学生，用不了多久，教室里就会安静下来了。

　　3.学生有进步或者回答很精彩的时候，你要带头鼓掌，掌声要真挚热烈；请学生回答问题或帮你做事时，千万不要用食指戳点，而是要将手掌朝上，轻柔上抬。

　　4.找犯了错误的学生谈话时，要让他坐在你的对面，不要急着开口批评，而是用眼睛盯住他，然后要他自己说哪里错了；找心理有"疙瘩"的学生谈话时，要让他坐在你身边（与你的距离小于 50 厘米），先用手摸摸他的头，拍拍他的肩，然后才开始疏导。

　　5.带上一个本子，找个无人的中午去各个班级转转，看看每个班级墙面上贴挂着的东西，记下你觉得有创意的做法，然后想想这些班主任为什么这么做，哪些值得自己借鉴。

6.首次开家长会，先表扬没迟到的家长和手机关机的家长："参加今天的家长会，到的最早的是×××家长，此外×××、×××等家长也很准时，可见这些家长对孩子的学习非常重视。有的家长一见会议开始，马上关闭了手机，这素质真是了不得。我为我们班有这样的家长感到欣慰！"估计马上会有家长悄悄关机，并且以后开会基本上不会有家长迟到了。

7.当你单独和某个学生相处时，要郑重其事地告诉他，你很在乎他，他微小的进步让你很开心。

8.批评一个学生之前，先找至少三个优点表扬他。

9.端端正正地在备课本上写好每一个字，哪怕你的字不漂亮。除非你读懂了一份优秀教案的设计意图然后去"依样画葫芦"，否则尽量不搬抄。自己设计朴实可操作的教案更有用。

10.记住，每天课后或睡前反思记录自己当天课堂教学的成功与失败比什么都重要。

总之，细节决定成败。新入职的年轻教师，只要从以上几个细节入手，拿出好心态，做好迎接挑战的准备，欣然接受各种困难和质疑，享受站在讲台上的每一分钟，守得云开见月明，当桃李芬芳之时，你一定会成为一名幸福的老师。

模课、磨课、悟课

——教师教学特色形成的三部曲

文 / 杨菊英工作室

　　教师教学特色主要是指教师在教学中所表现出来的独特风格，包括教师的仪表、语言、教学方式和方法等与众不同之处。它是教师的长期修养和扎实功底的自然表现。语言简洁而富有表现力，生动形象而富有吸引力，抑扬顿挫而富有感召力是一种特色；沉稳、不急不躁是一种特色；周到细致、条理清晰是一种特色……特色体现在教学中的每一个环节，是对这一环节富有个性的优化处理。教学特色的形成需要一个过程，模课、磨课、悟课构成了这一过程的三部曲。

一、模课——在学习中起步

　　所谓"模课"就是向优秀教师学习，模仿优秀教师的教学模式、技巧等。在教师（特别是新教师）的备课中，模仿是十分必要的。所谓"他山之石，可以攻玉"，只有在一次次的教学实践中吸收他人的精华，不断地锤炼自己，提高自己的业务能力，才能逐步形成自己的特点。如果故步自封、闭门造车、孤芳自赏、夜郎自大，则必然妨碍自身发展，难以融入教学大潮之中。

　　多听、多看是模仿的基本方法，其主要途径有：模仿优秀教案的精妙之处；看优质课光盘或录像，模仿优质课对教学各环节的把握；向身边的优秀教师学习，学习他们处理教材、驾驭课堂的方法。但模仿不等于"全盘照收"，更不能"拿着别人的教案去上课"，而应当结合实际的教情与学情，对别人的优秀教案或者优质课进行重新组织、整合与创新，借鉴、吸收别人的养分，融入自己的智慧与独到的见解，达到"借智补智，借力使力"的目的。

模课要从宏观上去把握，重点思考别人的教案或优质课是怎样备教材、备学生、备方法的，他们为什么这样做，我今后应如何去做，从而反思自己备课的程序，把握备课的切入口。学会模课是教师逐步走向成熟的最初也是最基本的一环，但是，教师千万不能痴迷于模仿，那样会导致思维僵化，丧失独立思考的能力，形成自己的教学风格就无从谈起了。更何况优秀教师的教学设计是他们长期研究的成果积淀，是无法模仿的，正如国画大师齐白石先生曾经对他的学生说"学我者生，似我者死"一样。

二、磨课——在行动中磨炼

"磨课"一般由执教教师提供教学案例，教师集体围绕案例不断地切磋、商讨、设计、实践、反思、修改、再设计、再实践、再总结，循环往复，不断飞跃。通常情况下，"磨课"会出现在公开课、优质课教学的准备中，并在两个层面展开：

一是基础层面的具体过程和操作方式。通过执教教师教学行为分析，探讨教师在教学目标上是否具有明确的发展取向和发展价值；探讨教师的教学内容设计，如何在关注学科基础性的同时关注将学生经验与现实生活相联系；在教学策略与方法选择上，关注如何使学生主动参与，在情感的体验中学习知识、完善人格，以及如何加强方法、应用、探究等方面的综合研究。借助问题探讨，提升教师素质，促进课堂教学质量的提高。

二是提高层面的，用于指导具体过程和操作方式的设计思想、教育理念。通过对教学案例的评课，总结、推广教学经验，挖掘其中真正优秀的教学思想并使其得以移植，明晰教学思想与教学技艺的最佳融合点和可操作性，使其得以借鉴，彰显执教者的亮点（这些亮点可以是某一个细节的处理、某一个环节的设计、某一个方法的尝试），使其得以提升和发展，达到教师群体共同更新观念、积极探索教学方法、提高专业知识和内在素养的目的。

综上所述，"磨课"的实质不是磨"课"，而是促进教师的专业成长。因此，教师应该学会自己磨炼自己，"磨"自己的日常教学实践。

三、悟课——在思考中升华

所谓"悟课"，就是教师在学习了优秀教师的教学模式和教学风格，并在自己的教学技巧逐步完善后，对自己的教学行为和教学策略的再思考，以形成自己的教学特色的过程。

就教师个人备课而言，研究教材、研究学情和反思教学的过程，其实就是"悟课"的过程；就教师群体备课而言，思想火花的碰撞，集思广益的达成，也是"悟课"的结果。"悟课"运用之妙，当存于心耳！"悟"的过程是将各种教学理论、教学技巧与自身的特点相结合的过程，是一个理论的内化过程。没有"悟"的过程，就没有教师个人的教学风格。

教师的专业发展与三个因素有关，这三个因素构成不等边三角形的三条边：立足边、理论边、实践边。各类教师根据自己的特点，沿着这三条边，经历四个阶段向前发展。优秀教师往往沿着"实践边"向上攀登，他们致力于教育教学技能、技巧的全面提高，这是"磨课"的过程。而"悟课"是他们将教学实践中形成的经验集中积淀后，教学智慧不断成熟的过程，是逐步形成自己教学风格的过程。

教师教学风格的形成不是一蹴而就的，而是在不断的模课、磨课、悟课的过程中螺旋式上升的过程。模课、磨课、悟课三者既相互独立又交织在一起，在教学实践中是有机联系、不可分割的。"模课"与"磨课"的过程都离不开"悟"，而"悟课"过程中也需要"模"与"磨"。"模"中学到的新理念、新方法，需要通过"磨"来实践，"悟"来内化。没有磨课过程暴露的问题、提出的疑问、碰撞出的火花，"悟"就成了"无源之水，无本之木"。如果"磨课"仅停留在积淀知识、积累经验、历练教学技能和技巧的层面，缺少相关教育理论的支撑，不能从中"悟"出理论与实践的衔接点，实现先进的教育理念与丰富的教学经验的链接，无论怎么努力都难以实现新的突破，将不可避免地出现教师成长的"高原现象"。

"悟课"是"磨课"中的理性思考过程，就教师个体而言，对教材的感悟、对教学环节的设计和反思，就是"悟课"的过程。"磨"过程需要"以悟带磨""以悟领磨"，而不是"以磨淹悟""以磨埋悟"。只有这样才能"磨"得水灵，"磨"得神秀。正是"磨"与"悟"的有机结合，使得教师对课堂教学情境的创设、教学问题的设计有了深刻的认识。

实践证明，凡是受学生欢迎、教学效果好的老师，都有着自己独特的风格，教学都有着自己的特色。而教师独特风格的形成，需要教师不断在模课、磨课、悟课的过程中去探索，去实现。

高效、轻松地做教师的秘诀

文／马慧

新教育实验倡导过一种"幸福、完整的教育生活"。我们不禁要问，如果我们老师没有幸福和快乐可言，能教出幸福和快乐的学生吗？这样的教育还有必要吗？现实生活中，我们的老师往往重复着一些低效率的工作，忙得晕头转向，疲于应付。那么，怎样才能高效、轻松地做教师呢？希望作者整理的秘诀能够帮助你。

第一招——提高课堂教学效率，精讲巧练为上上策。

教师的很多工作负担，都是因为没有充分利用课堂教学时间带来的。如课后作业多导致批改量大；学生听了课却不会做作业并需要辅导，教师不得不利用下堂课的时间讲作业问题等等。遇到这种困境，教师不如对教学内容进行重点讲解，组织多种练习，让学生多展示、多进行合作讨论，不仅可以达到巩固新知识的目的，教给学生分析问题的能力、解决问题的方法，还可以大幅度地减少学生的课后作业量，学生非常欢迎，教师也可以腾出许多时间。

第二招——充分利用记忆规律巩固知识，减少学生的复习用时，也就减轻了教师的负担。

学生对所学知识的掌握程度与记忆规律直接相关。我们在教学设计时，注意按记忆规律安排教学，使学生所学在规律的作用下自然地达到熟练程度，教师就不用担心学生应对考试的问题了。即使学校非要用考试成绩给老师"排队"，只要教师"功在平时"，学生的成绩就差不到哪里去，教师就不必担忧，无忧身自轻。

第三招——备课重视"三个利用"，减少重复劳动，节省时间和精力。

一是利用好自己的既有教案，不仅有自己对教材研究的所得，而且有教案实施的体会，只要把变化了的学生因素加以考虑，再加上日常的一些知识、方法的积累，就很容易在最短的时间内形成高质量的新教案，不必次次另搞一套走形式。二是要充分利用网络：中小学教材的每章、每节、每课，网上都有很多的教案、资料、体会可借鉴，使用网上搜索或者申请为网上学科的会员，很容易就能获得这些东西，要考虑的重点就是如何结合学生的实际生成教案。三是搞好集体备课，资源共享。

第四招——多浏览本专业的新报刊，积累、借鉴最新成果，缩短思考时间，寻求最佳方法。

由于我国中小学的相似性极强，很多优秀教师在报刊上发表的教学方法、体会、心得，稍加改造即可运用，不必全部进行亲身实践总结，否则费时费力，可能还远不及人家的方法好。我们的主要问题是解决好拿别人的东西来用时可能产生的"水土不服"问题。

第五招——不要真生学生的气。

学生的顽皮和捣蛋是不可避免的，有时候确实让人哭笑不得，有时候也不得不拉下脸来让学生明白他们的行为过分到了让老师生气的程度，需要收敛、反思、改正。但转过身来，我们就应该让这份"气"飞往九霄云外，该做什么就去做什么，不要去跟学生较真，也不必想方设法把学生收拾得服服帖帖方肯罢休，那样做不仅对自己的身心健康不利，而且无助于学生问题的解决。

第六招——以平常心对待荣誉，工作问心无愧即可。

教师本就是很平凡的职业，但我们必须做到无愧于学生。因此，不要被荣誉所累，能来的让其自然来，能丢的全都丢开，不要总想着自己比别人干得多，比别人干得好，领导看不见，同事不买账等等工作之外的东西。人无奢望心自静，平常心是身体健康的良药。

第七招——花公家的时间，锻炼自己的身体。

中小学教师工作再忙，学校的规定再严，可早操、课间操、课外活动是不会限制教师锻炼身体的。早去几分钟，晚走几分钟，每天挤出一个小时用于锻炼身体是可行的。坚持锻炼身体，对于愉悦身心、缓释紧张的工作压力、提高工作效率都是十分有利的，用的又是工作时间，我们何乐而不为呢？

第八招——积极参与正常的集体和社交活动，少交酒肉和牌场朋友。

一些教师对集体活动不感兴趣，常觉得是浪费时间，不愿意参加，也正是这种心态，使他们失去了很多社交活动和缓解疲劳的机会。集体活动大多用的是工作时间，基本上都能得到学校的支持，只要积极参与，至少可以使我们从紧张的工作氛围中得到一段时间的解脱，使身心得以休息。

有些教师结交了一些酒肉朋友或牌友，常常喝得酩酊不醒，或打牌打得整夜不睡，不是愉悦身心，而是自我摧残身体。

第九招——再忙也不在星期天工作。

与家人、朋友一起开开心心"消费"星期天，使身心从工作中彻底解脱出来，得到完整的休息、全面的恢复。要知道工作是永远干不完的，我们需要多看到一些明天的太阳，让"照亮别人的蜡烛"燃烧得更久。

第十招——用心"经营"好家庭，建好自己的"避风港"。

温暖舒心的家庭是每个人解除疲劳、休憩身心的最佳处所。中小学教师劳动强度大，收入不丰，社会地位不高，不具备当今社会中钱、权因素对家庭的稳固作用，因此我们就必须用心、用爱来"经营"我们自己的家庭。爱和付出是家庭稳定的支柱，只要我们用心呵护，就会建立起一个温馨的"避风港"。

第十一招——做一名会"偷懒"的老师，发挥学生的积极性。

当老师勤快一点好还是懒一点好？也许有人会想当然地说："当然是勤快好啊！懒了，不是给孩子做坏榜样吗？"但有人却说，一名优秀教师要具备三会：会偷懒、会装傻、会"踢球"。用心做一个"懒"老师，有利于发挥学生的积极性，促进学生成长，这未尝不是一种好的教育方法。

教师想要成长，必须学会遇事多动脑。一个优秀的教师应是教学生学会自我管理，学会学习与生活的人。学生永远是主角，教师只是配角。我想，只要把握好了这一点，用心的"懒"教师必将是享受最多幸福的人。

英语教师如何用英语说课

文 / 杨菊英工作室

英语说课一般来说可以分为五个部分：

一、说教材（教材分析） Analyzing teaching material

二、说教法 Teaching methods

三、说学法 Study methods

四、说教学过程 Teaching procedures

五、说板书 Blackboard design

一、说教材（教材分析） Analyzing teaching material

1.说课型 lesson type （Dialogue/reading/listening/revision）

2.说本课在教材中的地位 status and function

Lesson 33 Saving the Earth is a dialogue.The lesson is focused on the topic of the problems of the earth and the functional items of Supposition/Intentions/Conjecture/Prohibition.Since it is a dialogue/reading，it is helpful to improve the Ss communicative/reading ability.

3.说教学指导思想 teaching guideline

（Teaching syllabus：Language is for communication，develop their four skills，lay special emphasis on reading；put it well in his book developing reading skills：develop reading skill/discourse analysis；get them to understand the western culture better；improve the ability to discover，analyze & solve the problems；Reading is for information，for fun；Use Top-down model or Bottom-up model to activate Ss schemata；Interactive model.）

4. 说教学目标和要求 Teaching aims and demands （...be intended for Ss in key schools）

1）认知目标 knowledge objects

a.Enable the Ss to remember the following new words & phrases:

Damage，lecture，pollute，pollution，room，standing room，be fit for，hear about，turn into

b.Get the Ss to be familiar with this sentence pattern：

If the population keeps growing so quickly，there will only be standing room left...

Give the Ss a reinforced practice on the functional item：Supposition.

c.Activate Ss schemata regarding the topic of pollution and help Ss to know more about the problem of pollution.

2）智能目标 ability objects

a.Ask the Ss to make up a similar dialogue.

b.Help them to understand the dialogue better and improve the four skills.

c.Develop their ability of thinking independently.

d.Cultivate their ability to discover，analyze and solve problems.

e.Train them to collect information from the Internet.

f.Train them with some effective learning methods to optimize Ss'learning results.

3）德育目标 moral objects

a.Arouse their interest in learning English；

b.Help them to understand the background of pollution.

c.Enable the students to love our earth and the nature.

d.Be aware of the importance of stopping pollution & protecting our environment.

e.Encourage the Ss to do something to save the earth.

5.说教学重点 teaching important points（生词、句型；培养阅读技能）

a.New words and phrases

b.Sentence pattern：If-clause

c.Improve their reading skills.

d.Talking about problems of the Earth.

6.说教学难点 teaching difficult points（语法；发展交际能力）

a.Functional item：Supposition.

b.Develop their communicative ability.Act out their own dialogue.

7.说教具 teaching aids（multi-media computer，software，projector）

The teaching syllabus says that it's necessary for teachers to use modern teaching facilities. It's of great help to increase the class density and improve our teaching result.It can also make the Ss reach a better understanding of the text by making the classes lively and interesting. At the same time，it arouses the Ss' interest in learning English.

二、说教法 Teaching methods

Five step method；audio-video；communicative approach；

Task-based learning：New Syllabus Design encourages teachers to use this teaching method. TBLT can stimulate Ss'initiative in learning and develop their ability in language application.Make the Ss the real masters in class while the teacher himself acts as the director and bring their ability into full play.

三、说学法 Study methods

1.Teach Ss how to be successful language learners.

2.Teach Ss how to develop the reading skill—skim & scan；how to communicate with others；how to learn new words；how to learn independently.

3.Get the Ss to form good learning habits.

四、说教学过程 Teaching procedures

I.复习（Revision）5min（Daily report；diagram；brainstorming；activate schemata）

Activity 1：Imagination

1）Suppose a bottle of ink is turned over and dirties your white shirt，what is to be done？（Wash it？Or throw it away？）

2）Suppose you catch a bad cold，what's to be done？

3）Suppose your bike is broken，what's to be done？

4）And suppose the earth，on which we all live，is damaged，what's to be done？

* What can you think of when you see"pollution"this word？（waste，environment，air，water，factory，desert，climate... Try to activate the Ss schemata regarding the topic of pollution.）

II.呈现（Presentation）5min

Activity 2：Presentation

Play the song "Earth Song" sung by Michael Jackson.（Create an atmosphere）

A lot of pictures and video clips about the causes and results of the three problems mentioned in this lesson will be shown on the screen with the help of the computer.

Ss' presentation on pollution. Attract their attention，arouse their interest，and create a good atmosphere for communication.

* Activate their schemata and cultivate their ability in collecting information from the Internet and develop their ability in thinking independently.

III.对话/阅读（Dialogue）18min

1.Pre-reading

Activity 3：Prediction

1st listening/fast reading，one guided Q to help Ss to get the main idea：

What do you think is discussed at the conference？

2.While-reading

Activity 4：Read and answer

2nd listening/careful reading，more Qs to get the detailed information. Develop their reading skills：skim & scan. Pay attention to the pronunciation，stress & intonation.

* 阅读：Pre-reading；while-reading；post-reading（fast reading/careful reading；skim/scan）；识别关键词 key words；确定主题句；创设信息差 information gap；T or F；填表格 chart/diagram；Predicting；Make a timeline；Make a story map.达到对课文的整体理解和掌握。So that they can have a good understanding of the whole text.

3.Post- reading

Activity 5：Language focus

While Ss are answering the Qs，the teacher deals with some key language points.

a.is being caused？　　　b.and so on　　　c.go on doing

d.be fit for　　　　　　e.standing room　　　f.if-clause

IV.操练（Practice）10min

Activity 6：Retell

Use your own words to retell the dialogue in the 3rd person.

Activity 7：Acting out

Activity 8：Drill - Supposition

Purpose：Practise the functional item of Supposition.（P. 33 Part 2；P.113，wb Ex. 3）

（Retell；act out；role play）

V.巩固（Consolidation）6min

（Discussion；interview；press conference；debate；quiz）

Activity 9：role play

Suppose you were head of a village，scientist，journalist and villager，make up a conversation and ask several groups to demonstrate in front of the class.

* The Ss are encouraged to use the words and expressions like pollution, damage, be fit for, turn into, the if-clause, etc.

Activity 10: Discussion

Think of the question: Are we causing damage to the world?

What should we do to save the earth and protect our environment especially in our daily life?

Collect their answers and form a report.

VI.作业(Homework) 1min (Writing; continue the story; recite; retell)

Write a letter to the mayor, telling him sth. about the pollution around your school.

五、说板书 Blackboard design

Besides PPT, difficult and important points must be written on the blackboard, which can be used as a summary in the end of the class.

备课时如何精备教材

文 / 马慧

要备好课，进行有效的教学设计，首先必须与教材进行对话，备好教材。教材包括教科书、教师参考用书、教学挂图、教学仪器设备、学生练习册等形形色色的图书教材、视听教材、电子教材等。无论这些教材是由怎样的权威机构提供，教师对待教材较为科学的态度都应是"用教材"而非"教教材"。依据自身的实践与研究，探讨学科课程与教材，以课程、内容的创造性使用为前提，深度开发教材资源，把知识传授与其他育人功能结合在一起，实现教材功能的最优化。

一、整体把握教材

在备课中，教师应通读整套教材，在头脑中建立整套教材的印象，这是备好课的基础和前提。

（一）把握教材特色

新课程改革以来，教材建设取得了卓有成效的进展。在新课程理念的指导下，基础教育各学科都推出了多种教材，教材的内容和体系都焕然一新。总体看来，这些教材在内容和总量上都得到了控制，大大减轻了学生的负担，基本克服了以往"繁、难、偏、旧"的弊病。把握了教材的特色，教师才能与教材进行真正意义上的对话，准确理解编写者的意图，进入教材的内在天地。

（二）解编排体系

在把握教材特色的同时，教师还应了解整套教材的基本内容和基本结构，把握教科书的知识体系。从整套教材确切了解各个年级教学内容的分布情况，统观全局，明确各部分内容的地位、作用以及相互联系；在单元（或章节）与单元（或章节）之间瞻前顾后，从单元序列中看教学内容的连续性，把握教材编排的纵向联系；在单元（或章节）的内部左顾右盼，把握教材在知识、能力、情感态度价值观培养方面有哪些程度上的差别。

教师理解了教材编写者的意图，把握了教材内容的主旨，认识到了所教内容在整个教材体系中的具体位置，才能进一步形成一定教学背景下的个性化的教学构想，展开教学的思路。整个教材就犹如一座曲径通幽的花园，在你未能掌握其巧妙的布局、合理的安排之前，只能在迷宫般的小径中迷失自己，永远无法真正领略其中美妙的风景。

二、吃透教材重点

在整体认识教材的基础上，教师还应理清、吃透具体的教学内容，为制订相应的教学目标、预设教学活动奠定思路。

（一）吃透教材的具体内容

在通览教材的基础上把握具体教材内容在整个单元、在全册书乃至整套教材中的地位和作用，理清这一具体内容的前后联系，把具体内容的教学纳入整个课程的教学体系之中，进行统筹规划和安排。南宋著名学者陈善曾说："读书须知出入法。始当求所以入，终当求所以出。见得亲切，则是入书法；用得透脱，则是出书法。"备课也有此"出入之法"。只有当教师"入"得教材，解读出其中的内涵和价值，才可能在教学中用好教材，这是进行备课的基础要求。只有当教师对教学内容有了较深的感受和体悟，才有可能在教学中纵横捭阖，激发学生的参与热情，在交流中带动学生进行体验感悟，否则只能生搬硬套，教师难有激情，教学了无生趣。

（二）注重三维目标的统一

教师在备教材的过程中不仅要关注基础知识和基本技能目标，而且要进一步整体把握教材中情感、态度、价值观等方面的因素，设置全面而合理的教学目标。

教师备教材时应突出基础性，使学生在达到基本要求的前提下实现个性的发展；体现发展性，使学生的能力尤其是实践运用能力和创新能力能够得到有效提升；体现可接受性，教学内容的难度应在学生发展的"最近发展区"，学生可以"跳一跳，就能摘到果实"。做到这几点，最终都集中体现在所选取的教学重点、难点、关键点上。

一般来说，重点是一个相对的概念。就教材而言，是指教材内容的重点。就知识类型而言，具有理论性、基础性、结构性、典型性的知识是重点。难点指的是学生难于理解和掌握的内容。难点的形成，一是教材因素，二是学生认识和接受能力的限制。关键点，是指教材中对顺利地学习其他内容，包括重点、难点起决定性作用的知识。抓住了关键点，往往可以引导学生顺利理解、掌握某一部分内容或解决某一类问题的突破口，是突出重点、突破难点的中介与桥梁。

三、拓展延伸教材

教师需要根据自身对课程标准的理解和学生的实际学习需要，在吃透教材、尊重教材的基础上，根据教学目标的要求和学生的实际情况，发挥教师的能动作用，对教科书进行适当的剪裁、组合、改造，创新、重组教材，为学生的学习提供更为充分的材料。

我们既不能拘泥于教科书，又不能在盲目自大中使教学步入失范混乱的窘境。我们要在尊重教材的基础上超越教材，从教材所呈现的知识、能力、情意等系统引发开去，向其他学科、其他时空开放和延伸，拓展学生的学习领域，突破教学的有限空间。

比如，可以由课内向课外拓展延伸，这样可以有助于教师和学生开阔视野，增加阅读量，促进课内所学向课外运用的迁移。向其他学科拓展延伸，使本学科与其他学科学习有机地结合到一起，实现学习内容的整合，提高了教学的整体效益。利用信息技术进行拓展延伸。我们应充分利用信息技术资源，探索学科教学与信息技术的整合，在教学设计与实施中，利用各种媒体的信息资源与共享技术优势，把信息技术融入教学中，使信息技术变成教师教和学生学的工具。

向生活拓展延伸。教材、教室、学校并不是知识的唯一源泉，大自然、人类社会、丰富多彩的世界都是精彩的教材，教师在注重纸质平面媒体教材开发的同时，还应向立体的、丰富多彩的生活教材进行拓展延伸，挖掘学生的生活经历和体验，提高教育教学效果。

教学反思写什么

文 / 马慧

一个教师写一辈子的教案不一定成为名师，如果一个教师写三年的教学反思有可能成为名师。

教学反思是教师以自己的教学活动过程为思考对象，对自己教学中的行为、决策以及由此所产生的结果进行审视和分析的过程，是一种通过提高参与者的自我觉察水平来促进能力发展的途径。教学反思写什么呢？

写课堂上的灵动。在课堂教学中，随着教学内容的展开，学生积极参与交往，师生的思维发展及情感交流往往会因生成而精彩，这些"智慧的火花"常常是不由自主、突然而至，若不及时利用课后反思去捕捉、记录课堂上的灵动，便会因时过境迁而烟消云散，令人遗憾不已。

写学生的独特见解。学生是学习的主体。课堂教学中，由于每个学生的生活经验和个性气质不同，他们对阅读内容的理解也会不同。教师应当充分肯定学生在课堂上的一些独特见解，这样不仅使学生的好方法、好思路得以推广，而且对学生也是一种赞赏和激励。同时，这些难能可贵的见解也是对课堂教学的补充与完善，可拓宽教师的教学思路，是改进教学的借鉴。

写教学中的成功。一节好课能给人一种自然、和谐的感受，教师要善于捕捉这样的感受，思考成功的原因。例如，一位教师在《桂林山水》一课的教学反思日记中写道："《桂林山水》是一篇优美的散文。本课教学的成功之处在于在引导学生感知课文内容的基础上，通过学生一遍遍地品读文中优美的句段，如：'漓江的水真静啊，静得让你感觉不到它在流动；漓江的水真清啊，清得可以看见江底的沙石；漓江的水真绿啊，绿得仿佛那是一块无瑕的翡翠。'从中体会桂林山水之美。然后提问：'在你的印象中，有哪些地方是如此美妙的？我们也试着用美妙的句子来说说，好吗？'以此拓展学生的思维，培养学生应用语言的能力。"

写教学中的失误。即使一个教学经验非常丰富、课堂教学近乎完美的教师，在一节课的某个内容或某个环节上也难免出现疏漏、失误、不足，或教学内容安排不妥，或教学方法不适用，或练习设计难易程度把握不准，或课堂中的生成处理不当，或未针对学生差异区别对待……所有这些情况，课后要认真思考、分析，找出原因，再通过与学生交流，与同事交流以及向专家请教，寻求解决问题的方法策略。

教学反思伴随教师的终身，是每位教师不断成长成熟、不断进步的不竭动力。我们应该强化反思意识，不断提高反思水平，否则将永远是一名"教书匠"，难以成为"名师"。

怎样上好微型课

文 / 杨菊英工作室

微型课就是比正常课时间长度短、教学容量小的课。微型课上课时间一般只有 15 分钟；教学内容集中，一般为某一个知识点或一节课内容的某一个方面；教学性质上具有甄别评估功能。所以它更能表现出一个教师教学的基本功和基本教学素养，因此被用在很多赛课活动中，对教师教学能力的提高有极大的促进作用。

一、微型课的特点

1.微型课是课堂教学过程的再现，与正常课不同的是时间短。

2.微型课的具体过程和常规课堂教学是一样的，也就是教师在讲台上进行教学过程展示，期间包括问题的提出、课堂活动的安排、学生合作解决问题等过程。

3.完整的教学环节包括引入课题、内容讲授（练习）、总结和布置作业四个步骤。

4.在微型课中，由于时间有限，教师的应变与调控水平就倍受评委的关注，因此教师语言在生动、富有感染力的同时，更应做到精炼。

5.有的微型课课堂教学后有答辩。

二、微型课的现存问题

1.不会取舍教学内容，没有重点。讲得面面俱到，在简短的时间内，好像方方面面的问题都讲到了，但是方方面面的内容都没有讲清楚。

2.只为了在有限的时间内完成教学内容，忽略了学生的主体地位及对现场教学生成的调控。

3.因为受时间限制，教师的语速过快。

三、如何上好微型课

上好一节课，首先要备好一节课。上好一节微型课，在备课的过程中更要把微型课的特点和课题的基本内容紧密结合。以下谈几点建议：

（一）精心取舍课题内容，突出教学重点。

既然上的是微型课，势必不可能像正常课堂那样进行大容量的教学。要在有限的时间内完成教学任务，必须精选课题内容。如果课题切入很小、很具体，这样，上课直接按照课题要求分析探讨就行，这种方式比较适用于数学、科学等学科。如果课题只是一个课文题目，如语文学科，那么就要对教学内容进行适当取舍，不能将作者、背景、字词、朗读、背诵、思想感情、写法等等面面俱到，那样时间肯定不允许，教学效果也不会理想，这就要根据教学重点和文本特色确定教学内容。

（二）构建完整的课堂结构，教学过程要精炼。

1.切入课题要新颖迅速

由于微型课时间短，要求切入课题要迅速，同时能吸引学生，所以对切入课题的方法大有必要作些文章。可以设置一个题目引入课题；可以从以前的基本内容引入课题；可以从生活现象、实际问题引入课题；也可以开门见山进入课题；或设置一个疑问、悬念等等进入课题。切入题目的方法是灵活的，途径是多样的，但不管采用哪种方法、哪种途径，都要求引人注目，在力求新颖的同时，更要求与题目的关系紧密。迅速切题，这是进入课题的个必须遵循的原则，因为我们要把较多的时间分配给内容的讲授。

2.讲授线索要明亮醒目

尽管所有的课都要求讲授线索的清晰醒目，但在微型课的讲授中，要求尽可能只有一条线索。在这一条线索上突出重点内容，显露出来的是内容的主干，剪掉的是可有可无的东西。

3.收尾要快捷

一节课的小结是必不可少的，它是内容要点的归纳、指出和强调，目的是使讲授内容进一步突出。好的总结可以对讲授的内容起到提纲挈领的作用，可以加深学生所学内容的印象，减轻学生的记忆负担。好的总结往往给一节优质课起到画龙点睛的作用，可以使一节课上升到一个新的档次，给人一种舒服的感觉，使人回味无穷。在微型课的小结中，因为前面重点内容的讲授占用了较多的时间，此处的要求便不在于长而在于精，必须是在完全总结内容的同时注重学科方法的总结，更要求总结方法的快捷，表现为干脆利落。用二三分钟时间对本节微型课的教学内容加以言简意赅的归纳和总结，使微型课的课堂结构趋于完整。

4.板书要精简清晰

板书是教师教学基本功的体现。板书的作用是展示授课人讲述内容的要点，帮助听课人掌握所听内容的要点。好的板书犹如一幅精致明丽的山水画，要能看出整个课堂教学的基本内容和教学程序，能给听课者一种完整、直观的感觉。板书不宜太多，太多则累赘，会冲淡板书对内容要点的提示作用；板书也不宜太少，太少往往会表达不清。微型课也要讲究板书。部分板书可以提前准备到纸板上，以挂图的形式在授课的过程中展示在恰当的位置，这样可以节省时间。无论如何，板书都要精心设计，要精练、完整、美观，且以要点突出、线索清晰为原则。

5.力求创新，亮点耀眼

微型课一定要有自己独特的亮点，否则不容易给评委留下深刻印象。这个亮点可以是深入浅出的讲授，可以是细致入微的剖析，可以是激情四溢的朗诵，可以是精妙完美的课堂结构，可以是准确生动的教学语言等等。有了自己独特的亮点，就能提升微型课的水准。所以在设计教学过程中，要思考自己的教学亮点是什么。

（三）讲授人表现要干练，语言要准确、简明

语言的准确简明是教学基本功的一个重要方面。在微型课中，由于受时间的限制，语言的准确简明显得更为重要。它并不是语速的加快，相反，它

41

如同盛夏美丽的涧泉，流淌中有舒缓和湍急，表现为抑扬顿挫、口齿清晰、干净利落。在备课过程中，把自己将要讲述的内容结合要说的话语，以及将要采用的表达方式、手势、表情，在脑海中过一遍。在语言生动、富有感染力的同时，更要做到准确、逻辑性强、简单明了。

（四）答辩语言准确、简明、流畅

答辩是评委对授课内容及其相关内容的一个质疑，问题一般都是针对本节微型课教学中的重点或存在的问题而提出的，或者是提出与课题内容有关的知识内容问题。在回答评委提问时，知识内容要科学、准确，能够抓住要点，层次清楚。另外，答辩语言要简明流畅，与问题无关或关系不大的不说。要集中自己的全部智慧，对问题的要害之处进行深入精要的阐述，保证在有限的时间内完整地回答问题。

四、要处理好两对矛盾

（一）要处理好"多"与"少"的矛盾

微型课时间有限，课堂教学内容的容量有限，处理好"多"与"少"的矛盾，做到"恰到好处"尤为重要。"庞杂"则重点不突出，"空洞"则内蕴不丰厚，难以取得预期效果。

（二）要处理好"快"与"慢"的矛盾

要准确把握教学的节奏，快慢适当。教学的重点和关键部分，要慢、稳、准。非重点的部分可以一带而过。

总之，微型课是一种经济实用的课堂教学形式，需要在实践过程中不断探索和完善，为改进教学、评估教师发挥其应有的作用。

对新入职教师在课堂掌控能力方面的几点建议

文 / 马慧

对于刚入职的年轻教师来说，如何能让授课有序地进行，维持好课堂秩序，是最大的难题。初中阶段，这些活泼好动的学生就像一群快乐的"小鸟"聚在一起，如何使这群快乐的"小鸟"在老师的带领下有条不紊地学习呢？作者从以下四个方面入手，提几点建议，便于年轻教师尽快成长。

一、如何上第一节课

1.介绍自己。尽量用幽默的语言介绍老师的名字，需要的话，把老师的名字写在黑板上。

2.陈述清楚你对学生的期望，包括在课堂上可以做什么，不可以做什么。制订几条简单的行为规则，并且始终坚持。你也可以邀请学生对这些规则提出建议。

3.尽快熟悉学生的名字。

4.帮助学生知道同学们的名字。

5.告诉学生他们的近期方向。让你的学生弄清楚接下来的几个星期他们要做什么以及为什么要这样做。帮助他们明白你的安排怎样符合课程提纲、国家课程计划等等。

6.确定你的学生知道评估形式。哪一部分的工作在评估中更重要？哪些是他们已经学过的资料的修订？强调他们必须关心自己的学习，对自己的进度负责，特别是有连续性考试的时候。

7.用开头的几节课弄明白学生已经知道多少关于该科目的知识，并把它放进你的计划。你可以进行一次小测验，也可以让他们写一些关于自己的东西，这样也可以帮助你了解他们。

二、如何吸引学生注意力，使教室安静下来

1.尝试什么也不做，静静地站着。靠得最近的学生会注意到，渐渐地，其他学生也会注意到。在做出另一项决策之前留出一两分钟的时间。

2.不要大声叫。如果教室里还是没有安静下来，请一定要克制住大声叫出"安静点"的冲动。先跟几个看上去已经准备好听课的学生安静地聊上几句。

3.利用人类的好奇心。有时小声说话是个好主意。人类的天性里包括了"不肯错过任何事"。与离你最近的几个学生小声说话，剩下的很多学生也将会停止谈话，以便能听到你们在说什么。

4.找一个分神的学生。向那些在听讲的学生提一个问题，但是请一个没有注意听讲的学生回答。当所有的眼睛都转向这个学生，他会觉得很不好意思。

5.使学生集中精神听讲的方法。可以先播放一些需要听得很仔细的材料，比如听一段录音或是看一段声音放得很轻的录像。

6.赞扬学生。赞扬那些精神集中的学生，特别是那些难得认真一次的学生。不要抱怨那些还没有集中精力的学生。

7.先布置一点任务。上课前先找点事情让学生们做。把这些任务印在纸上发下去，或者是提前写在黑板上。

8.挑选几个目标。课前，将班里的同学分成几组，点出有名的几个生龙活虎的学生，让他们做各组的组长，并交给他们特殊的任务。

9.不要把学生的混乱当成是对你的不敬。这是最自然不过的人类天性，除非有什么值得注意的事情发生。

10.几乎没有人希望被排除在快乐之外。如果你擅长制造快乐，那就在正式上课之前给那些已经做好听课准备的学生讲一些有趣的事情，其他的学生很快就会希望自己也能够分享。

三、如何防止班级混乱

1.明文规定班级的一些行为准则。如果可能，让学生参与制订规章制度。他们越具有主人翁意识，就越能够遵循（至少努力遵循）这些制度。

2.立即奖励良好行为。给他们一个微笑、几句表扬或鼓励的话语。平时表现不好的学生偶尔表现良好时，一定要及时表扬他们。

3.有效处理不正当行为，避免恶化。尽量私下处理小问题，公之于众会引起太多人的兴趣。

4.制订惩罚制度，并确保其合理性、稳定性与可执行性。

5.不对学生期望太高，但也绝不贬低他们。确保所布置的作业适合学生的水平，相信成绩较差的学生也有自己的目标。说清楚，或干脆省略掉你所布置的作业的评改标准。以上这些都要求你足够了解学生的实际能力，从而布置他们能完成的任务。

6.接受学生发出的信号。当意识到上课的进度或内容不太理想时，可以做出相应的改变。根据学生的反馈信息改变上课的方式是一种优点，而不是缺点。

某个学生制造麻烦时，立即将其转移到教室的另一个地方。这样一来可以表明你已经注意到问题了，另一方面也可以给这个学生一个改过自新的机会。

7.找时间冷静下来。如果你或某个学生发脾气了，尽量找出几分钟的时间让双方都能够冷静一下，将相关的学生带出教室一段时间，这样也可以为日后说"很抱歉发生这样的事，但是怎么保证类似事情不会再次发生"做出铺垫。

8.调查不正当行为的起因。与制造问题的学生单独谈谈，尽量找出其行为的原因。有些时候这些原因是可以理解、可以原谅的。

9.准备一些有趣的事情让学生做。当需要时间冷静或需要与某个制造问题的学生在教室外安静地说几句话时，准备些有趣的事让学生做是一个非常有效的方法。在课堂的最后 10 分钟，准备一个口头小测验或者游戏，这既可以当作对圆满完成工作的奖励，也可以是因为你已经完成了一项工作，需要做一些改变了。

四、如何利用黑板

1.板书有多清楚？检查一下你板书字体的大小，坐在最后一排的学生能否看得清楚。

2.确保充分利用黑板的上半部分。只有确定后排的学生不会被前排同学挡住时，才使用黑板的下半部分。

3.列出上课计划。将要讨论的问题写在黑板上，这样，你对这些问题做出回答时，学生仍然能够看到问题。

4.如果你惯用左手，在黑板上写字可能有些困难。所以惯用左手的人用粉笔写字时，不妨比平时站得稍右些，有助于改善这种情况。

5.让学生既能看得清楚又能听得清楚。在黑板上写字，背对着学生时就不要再讲课了。可能的话，重新布置一下教室，使你即使在写字时也能够与大部分学生保持眼神交流。

6.做足准备工作。无论什么时候，只要有机会，就尽量在课前在黑板上写好板书内容，使学生对将要上课的内容纲要有个大致了解。

7.将学生的话写在黑板上。只要可能，就在黑板上写下学生回答问题时的话，使他们感觉自己的想法受到了重视。当学生看到自己的话被写在黑板上时，他们就会对正在讨论的问题产生一种更强的主人翁意识，注意力也就会更加集中。

8.让学生有机会在黑板上写字。将黑板当作一个公共领域，让学生在黑板上写些东西，诸如他们想问的问题、想讨论的观点、想谈论的趣事等等。

9.把黑板当作教室资源。给几组学生布置"板书任务"。比如，当开始一个新的课题时，要求学生整理并在黑板写上"我们想知道的10个问题"。

10.慎用黑板擦。在擦去学生所说或所写的观点之前，再进一步强调这些观点的价值。

标准英语课堂教学用语

文 / 杨菊英工作室

一、上课（**Beginning a class**）

1.Let's start now./Let's begin our class/lesson.

2.Stand up，please.

3.Sit down，Please.

二、问候（**Greeting**）

4.Hello，boys and girls/children.

5.Good morning，class/everyone/everybody/children/boys and girls.

6.Good afternoon，class/everyone/everybody/children/boys and girls.

7.How are you today？

三、考勤（**Checking attendance**）

8.Who's on duty today？/Who's helping this morning/today？

9.Is everyone/everybody here/present？

10.Is anyone away？/Is anybody away？

11.Is anyone absent？/Is anybody absent？

12.Who's absent？/Who's away？

13.Where is he/she？

14.Try to be on time./Don't be late next time.

15.Go back to your seat，please.

16.What day is it today？

17.What's the date today？

18.What's the weather like today？

19.What's it like outside？

四、宣布（**Announcing**）

20.Let's start working./Let's begin/start a new lesson./Let's begin/start our lesson.

21.First，let's review/do some review.

22.What did we learn in the last lesson？

23.Who can tell/remember what we did in the last lesson/yesterday？

24.Now we're going to do something new/different./Now let's learn something new.

25.We have some new words/sentences.

五、提起注意（**Directing attention**）

26.Ready？/Are you ready？

27.Did you get there？/Do you understand？

28.Is that clear？

29.Any volunteers？

30.Do you know what to do？

31.Be quiet，please./Quiet，please.

32.Listen，please.

33.Listen carefully，please.

34.Listen to the tape recorder/the recording.

35.Look carefully，please.

36.Look over here.

37.Watch carefully.

38.Are you watching？

39.Please look at the black-board/picture/map...

40.Pay attention to your spelling/pronunciation.

六、课堂活动 (**Classroom activities**)

41.Start! /Start now.

42.Everybody together./All together.

43.Practice in a group./Practice in groups./In groups，please.

44.Get into groups of three/four...

45.Everybody find a partner/friend.

46.In pairs，please.

47.One at a time./Let's do it one by one.

48.Now you，please./Your turn(Students name).

49.Next，please.Now you do the same，please.

50.Let's act./Let's act it out/do the dialogue.

51.Who wants to be A？

52.Practice the dialogue，please.

53.Now Tom will be A，and the other half will be B.

54.Please take(play) the part of...

55.Whose turn is it？

56.It's your turn.

57.Wait your turn，please.

58.Stand inline./Line up.

59.One by one./One at a time，please.

60.In twos./In pairs.

61.Don't speak out.

62.Turn around.

七、请求 (**Request**)

63.Could you please try it again？

64.Could you please try the next one？

65.Will you please help me？

八、鼓励 (**Encouraging**)

66.Can you try？

67.Try，please.

68.Try your best./Do your best.

69.Think it over and try again.

70.Don't be afraid/shy.

九、指令 (**Issuing a command**)

71.Say/Read after me，please.

72.Follow me，please.

73.Do what do.

74.Repeat，please./Repeat after me.

75.Once more，please./One more time，please.

76.Come here，please.

77.Please come to the front./Come up and write on the blackboard/chalkboard.

78.Come and write it on the blackboard.

79.Please go back to your seat.

80.In English，please.

81.Put your hand up，please./Raise your hand，please.

82.Put your hands down，please./Hands down，please.

83.Say it/Write it in Chinese/English.

84.Please take out your books.

85.Please open your books at page.../Find page.../Turn to Page...

86.Please answer the question/questions./Please answer my question（s）.

87.Please read this letter/word/sentence out loud./Please readout this letter/word/sentence.

88.Please stop now./Stop now，please./Stop here，please.

89.Clean up your desk/the classroom，please.

90.It's clean-up time./Tidy up your desk/the classroom.

91.Put your things away./Clean off your desk./Pick up the scraps.

92.Clean the blackboard.

93.Plug in the tape-recorder，please.

94.Put the tape-recorder away.

95.Put the tap，in it's box/cassette.

96.Listen and repeat.

97.Look and listen.

98.Repeat after me.

99.Follow the words.

100.Fast./Quickly! /Be quick，please.

101.Hurry! /Hurry up，please.

102.Slow down，please.

103.Slowly.

104.Bring me some chalk，please.

十、禁止和警告 (**Prohibition and warning**)

105.Stop talking./Stop talking now，please.

106.Don't talk./Everybody quiet，please.

107.Don't be silly.

108.Settle down.

十一、评价 (Assessment)

109.Good，thank you.

110.Good./Very good./God job./Good work./Good example.

111.A good answer./Nice work

112.Excellent./Great! /Well done./Very good./I like the way you did.

113.That's interesting.

114.Don't worry about it./No problem.

115.OK! /That's OK.

116.I don't think so.

117.Any other answers？/That's close./That's almost right.

118.Not quite，can anyone help him/her？/Try again.

119.A good try.

十二、布置作业 (Setting homework)

120.For today's homework...

121.Practise after class./Practise at home.

122.Say it out aloud，before you write it down.

123.Copy/Print./Write each word twice.

124.Remember（Memorize）these words/sentences.

125.Learn these words/these sentences/this text by heart.

126.Do your homework./Do the next lesson./Do the new work.

十三、下课 (Dismissing the class)

127.Hand in your workbooks，please.

128.Time is up.

129.The bell is ringing.

130.There's the bell.

131.There goes the bell.

132.Let's stop here.

133.That's all for today.

134.Class is over.

135.Good bye./Bye./See you next time.

教师该怎样出卷、审卷、阅卷、析卷和评卷

文 / 杨菊英工作室

试卷作为检查老师教学水平的一个重要工具，一直被人们所推崇和研究。高考试卷、中考试卷、小学毕业试卷自不必说，就是平时的期中、期末试卷，甚至单元过关试卷都是老师们极为重视的。因为老师们的很大一部分心血要从学生的试卷中体现出来，可以说分分皆辛苦，而学生学习的效果如何也要从试卷的成绩中去分析。因此，考试是对教与学进行反馈的一种很必要的手段。

一、出卷

出卷是对老师教学水平高低的一个考验。要想出一份高水平的试卷，必须要熟悉课标、把握教材、了解学情，特别是对教学的难点、重点研究一定要深入，并有全局观念、大局意识。

试卷所具有的不是选拔功能，也不是为了难为学生，而是具有考查功能，可以反馈教学信息、帮助学生。试卷要重视基本知识、基本能力的考查，要注重面向全体，并照顾中下游学生。一般的原则是难、中、易的题目按 1:2:7 或者 8:1:1 的比例分配。这样的试卷让我们的教学和考试更轻松，避免因为难题、怪题而造成教师教得难、学生学得苦。而什么是易，什么是难，就要根据课标的要求来定，符合标准的就是易，稍微拔高的就是中，超课标的就是难。课本原题为易，变形题为易，课本综合题为中，考查能力的课外题为难。作为教学反馈的试题，面要广，题型要多样，语言要准确，版面要规范，而且要有一个规范、标准的参考答案及评价标准。

二、审卷

审卷比出卷难度更大，需要老师具有综合能力，并具有鉴赏水平以及丰富的出题经验和教学经验。审卷更重要的是一种态度和责任意识，要放平心态面对试卷。用自己丰富的教学经验去审视试卷的难易度、题目的量以及出题者出现的问题，对试卷再做进一步的修改和完善。审卷人不仅仅是评论家，更重要的是"把关"的身份，让试卷更适合学生，更适合教学的反馈，更适合素质教育的目的。

审卷要从第一个字看起，看文字有没有问题，看分数有没有多少，看题目有没有超标，看数量是否适中。问题提出要有充分的根据，并根据提出的问题找出解决的办法，而不是将问题推给出卷人。审卷后还要注意保密，对自己看过的试卷不作任何宣传，更不作任何外围评价。

三、阅卷

阅卷要有开阔的思路和应变的能力。面对形形色色的试卷和千奇百怪的答案，老师要有一定的标准，这个标准就是试卷的评价标准。对于评价标准，阅卷组长先要组织老师认真学习、充分理解，并预设好可能会出现的问题，针对这些问题进行集体研究。对于不唯一的答案，老师要有自己的思考和统一的认识，切忌一人一个标准、一人一个答案。在领会参考答案和评价标准后，阅卷要做到逐题批阅、红笔批阅。对于错误的标记，要统一符号，要保持学生卷面的整洁，不要在卷面上留下分数的痕迹。维护等级评价，淡化学生的分数观念，让学生不因为简单的分差而有不良情绪，产生学习恐惧或逆反心理。此外，阅卷要力求准确，避免失误，杜绝随意，让试卷的批阅成为学生学习的一种引领。

四、析卷

面对考完的试卷，老师一定要心平气和地进行分析。对于试卷的质量高低、题目的难易程度、学生卷面的表现都要有一个科学细致的分析，只有这样的分析，才能更好地总结自己的教学经验，认识自己教学的不足。对于经验性的东西，要坚持下去，并在自己本组内推广。对于失误和不足，要进行反思并进行组内研究，制定出切实可行的措施。对于题目的分析要用数字说话，每班的分析、每道题的分析、每个年级的分析等等，要有准确的数字进行统计分析。对于失误，要从两个方面进行分析：一是教师的教，二是学生的学，如果得分率低于80%，那一定要在教师的"教"上多进行分析。对于得分率在80%以上的题目，要在学生"学"的情况上多做分析，尽可能细致一些，具体到学生的特殊情况。通过这样的分析，我们在以后的备课、上课时便会有的放矢，便会突出重点，便会科学预设，便会有价值生成。我们的分层教学，我们的分层作业的布置便会因此而变得切实可行起来。我们不仅要对教学胸有成竹，对教学深入浅出，还需要对学生的学习情况进行深入了解，这种了解不仅仅是课堂的反馈、作业的反馈，还有单元检测、期中考试、期末考试的反馈。这些反馈非常有价值，因为它让我们从不同的方面、不同的角度去思考学生、反思自己。

五、评卷

给学生讲评试卷是需要以深入分析为前提的。当我们的分析到位之后，试卷的讲评就会有效、高效，在课堂上，我们便会直奔重点、难点而去，课堂的讲解从而变得有层次、有侧重。讲评试卷是分层教学的一个切入点，得分率在80%以下的题目，我们可以在全班进行重点讲解；得分率在95%以上的题目，在班上只做个别讲解；得分率在80%~95%之间的题目，可以进行分组研究，让学生在讨论的基础上自我解决，或者在同伴的帮助下进行自我修改，之后老师要针对修改后的问题进行提问，让学生谈思路，让学生真明白、真会做。针对错题，出一部分相似题，让出错的学生进行测试，或者利用原试卷让部分成绩不理想的学生重新测试。通过这样的分层后测，让学生把不懂的问题弄懂，把不会的问题学会，以保证学生成绩的提高。

检测不是应试，分数也是素质。面对新课改、新形势，我们要理性地看待试卷，客观地面对检测，真正做到不唯分数赢得分数。

第二辑

教苑漫步

Happy English Happy growth

　　普通教师与名师的差距不在资质上，而在思考的时间和思考的深度上。获得多少不取决于教了多少，而是取决于思考了多少、多深。教师的思考力是教师科研能力的基础，只有经过自己独立思考后的方法、技巧才是自己的东西。

方法提高效率　坚持成就梦想

——浅谈如何学好英语

文 / 马慧

提到考试，尤其是提到人生中的"第一大考"——中考，在每个人的心中都有着特别的含义和特殊的味道。对所有经历过中学阶段的人来说，都有着挥之不去的"沉淀在心底的梦想"。这些无限的梦想，伴随着每个人的青春一起成长。

中学阶段是人生成长的黄金阶段。花样的青春面对中考，也许理解，也许懵懂，也许无奈，但是无一例外地感觉到了挑战，也无一例外地憧憬着赢得挑战后的美好。那些挑战有一个共同的名字——梦想。

为了成长，如何面对挑战？为了梦想，如何想方设法去实现？为了赢得精彩，如何不留遗憾？下面，我依据自己二十多年来的教学经验，就如何提高英语学习的效率，向同学们谈几点需要掌握的学习方法，助你们在追梦的岁月中能够自信地飞翔！

学习最好的结果就是能够全面提高，不同的学科需要不同的学习方法。初中英语学科的学习，只要方法得当，提高成绩并不是一件很难的事。古语讲"工欲善其事，必先利其器"。选择一种好的学习方法，不仅可以减轻学习负担、提高学习效率，而且可以增强学习信心、激发学习热情。

一、注重预习

"预习"是一种良好的学习习惯，是课堂教学中的重要环节。作为学习过程的起始阶段，它是培养学生自学能力的重要途径，在提高学习效率方面有着重要的作用。它不仅能帮助学生"学会"知识，更能帮助学生"会学"知识。做好预习工作，功在课外，利在课内。我经常的做法是：首先列出每单元的预习提纲，分发给每个学生。针对预习内容，必须提出合理、正确、有可操作性的预习要求。此外，每日大声朗读一篇英语美文，两天做一篇阅读理解，两周写一篇英语小短文。要在寒暑假之前做好此项工作，并充分利用好两个假期。只要坚持运用科学的方法培养学生的预习习惯，学生们一定能学会预习、运用预习、学会学习，为终身学习奠定良好的基础。其次，争取得到家长的配合是完成预习的前提保障。在放假前召开家长会，把教师的想法、做法与家长们沟通交流，期望家长能做好督促检查工作。能得到家长的配合才能真正起到预习的效果。最后，教师必须检查预习效果，检查学生的预习是否到位，存在哪些问题，以便在今后的教学中做到有的放矢。

二、单词记忆

学习英语，首要的就是对单词的记忆和掌握。掌握单词是很多人的难点：一方面，现在初中英语的单词量很大，不容易记；另一方面，即使当下记住了的单词，也很快会被我们抛之脑后。面对如此"两难"的状况，我对学生说："不能完全记住与记住又忘，这是由人类的自然天性所决定的。"事实上，有很多非常有效的方法可以帮助我们解决这些困难，而其中最有效的办法就是制作生词本，然后充分利用零碎的时间，进行不断重复的记忆练习。

首先，生词本中包含的单词不应局限于教材中的单词、短语，也应包括老师课堂上补充的和试卷上出现频率非常高的词汇，同时还应多收集著名的谚语和精彩的语句，这不仅有益于扩充我们的词汇量，对我们的作文和阅读更是非常必要的。

其次，对于"用零碎时间学习英语"的方法，大家并不陌生，那什么样的时间是我们可以充分利用的"零碎时间"呢？这是不少人疑惑的，或者更确切地说是被我们无意中忽略的。实际上，它就在我们每天固定不变的回家路上、公车上。在这些"零碎时间"里，拿着生词本记忆单词、短语，每天反复进行背诵练习，我们对英语的记忆会更加深刻和牢固。当然，每个人完全可以根据自己的生活特点，寻找一个适合自己的固定的"零碎时间"来练习英语，比如等车排长队的空当或者是晚上回家泡脚的 10 分钟等等。

无论如何，一言以蔽之，一切的关键仍然在于我们愿意找出记忆单词的固定的"零碎时间"，并努力为之实践和坚持。

三、语法技巧

提到英语学习，不少同学对英语语法感到头疼不已。我教给学生的做法是：不去理会语法，只是将做错的习题、考题抄写在一个错题本上，然后反复朗读、背诵，直到能够脱口而出。久而久之，在不知不觉中形成了语感，很多题一读就能够选出答案，成绩也有了一定的提高。到了初二下半学期，有的同学发现单纯的朗读、背诵已经很难使自己的成绩再有所提高，英语学习遇到了一个瓶颈，逐渐感到有学习语法的必要性。由于此前大量的朗读和背诵，脑子里有了不少"存货"，根据语法书上的解释和例子，再结合自己背诵过的错题，很容易地就掌握了语法，以前错题中不明白的地方也豁然开朗，英语成绩就会迈上一个新台阶。

四、阅读培养

说到阅读，我认为很有必要和大家分享一下自己的阅读经验。这些学习方法使我的学生在阅读上实现了很大的突破，也希望对大家的阅读能够有所帮助。

其一，在做阅读之前，先看问题，并勾出关键词，带着关键词再去阅读文章本身。如此的目的是为了引导我们有目标性地去阅读文章，从而提高阅读的速度和效率，节省做题时间。

其二，在平时课下做阅读题时，要注意锻炼自己的翻译能力。虽然很多人都认为不需要逐句翻译，但我始终认为，如果我们只是为题而做，会导致我们过于局限于本题的答案，而不利于英语整体水平的提高。所以，尽量让自己每句必译，每句必懂，你会发现，长此以往的翻译训练会使你达到边读边译的奇妙效果，在考试时，只需阅读一遍文章，便足以了解全文的主要信息，如果再带上关键词去阅读，那么做题的时间就会大大减少，速度和效率自然会得到很大的提高。

五、听说能力

语言是有声的。听是学习语言的源泉和基础。听得清，才有"模"可仿；听得准，才能说得对。英语教学重视听说训练和口语能力的培养，这是科学的，是符合语言教学规律的。听说能力的培养要注意以下几个方面：首先，要培养良好的听说习惯，坚持课前三分钟讲英语。FreeTalk（自由谈）是一种行之有效的口语训练方式，在这项训练中，学生有充分的自主权选择自己感兴趣的话题，并可以提前准备。课前由一名学生讲三分钟英语，学生们自拟话题，谈及校园生活、英语学习、个人轶事、班级活动、地区气候和小故事等。此项活动不仅使学生们敢于开口讲英语，而且使学生们增长了见识，扩大了词汇量。在活动的过程中，教师要起到引导、督促的作用，使学生的FreeTalk达到预期的效果。其次，英语教师要用英语组织教学，语音、语调准确规范，富有表现力。这种形式是培养学生实际运用语言能力的最佳方式。课文教学还可坚持听写训练，听写的内容可以是课文中的单词、短语、句子或课文缩写。这也是强化听力训练。第三，英语是一门实践性很强的学科。为开展语言实践活动，拓宽学生的语言环境，平时可要求学生之间试着用英语交流，以锻炼说的能力。教师还可以组织学生观看英语影片、经典的英语演讲，组织学生用英语表演中国故事等等，充分启发学生的主体作用，必然会给学生带来强烈的求知欲，是开展学生听说训练的重要环节。

六、写作训练

英语作文是一项主观性较强的测试题，不仅考查学生的写作基础，而且考查学生在写作过程中综合运用语言的能力。答案开放、多元，有利于培养学生的创新思维。英语作文绝不是停留在句子翻译的层面上，而是要求语言流畅、语法正确、逻辑合理。学生在写作时要把握好三个环节：写作之前仔细审题、了解规定、认真准备；写作之中精心构思、书法规范、行文正确；

写作之后通读全文、查找错误、周密推敲。那么，初中英语写作技巧有哪些？英语作文怎么写才能得高分？这可能是很多学习英语的人想要问的问题。这里主要总结提高英语写作分的几个技巧，大家可以参考。

要提高英语写作水平，需要进行两方面的训练：一是语言基础方面的训练，要有扎实的造句、翻译等基本功，即用词法、句法等知识造出正确无误的句子；二是写作知识和能力方面的训练，以掌握写作方面的基本方法和技巧。

首先，要搞好阅读。阅读是写作的基础，在阅读方面下的功夫越深，驾驭语言的能力也就越强。所以想要写好英语先要读好英语，在语言学习方面狠下苦功。教科书要读透，因为教科书中的文章都是很好的范文，文笔流畅，语言规范，一些精彩的课文段落要背诵。另外还要进行大量课外阅读，并记住一些好文章的篇章结构。

其次，要加强练词造句的训练。词句对作文而言，相当于造房的材料，无好材料就造不出好房子。平时在学习阅读时要注意收集、积累，把好的词语、短语、句型做好笔记。平时在练习中的错误也要做好记录，再对照正确的句子，使地道的英语句子如同条件反射一般，落笔就对。

第三，要养成记英语日记、勤练笔的好习惯。经常用英语记日记，等于天天在练笔，这无疑是提高英语写作的行之有效的好办法。

掌握写作技巧：

（1）注意篇章结构，合理布局

开始部分（opening paragraph）——说出文中的要点、核心问题。

正文部分（body paragraphs）——围绕主题开展叙述、讨论。

结尾部分（concluding paragraphs）——对全文的总结和概括。

要做到全文中心突出，段落之间必须是有机的联系，内容完整、连贯。前后呼应，去除与主题无关的内容。

（2）确定主题句

主题句是对全文的概括，是文章的主旨，它能在文章中起到"画龙点睛"的作用，通常出现在一篇文章的开头。而后，全文对主题句所提出的内容进行解释、扩展。写主题句应注意以下几点：

①归纳出你要写的文章的几个要点。

②提炼出一句具有概括性的话。

③主题句应具有可读性，抓住、吸引读者。

英语学习之路漫漫，有时甚至是枯燥乏味的。选择学习方法的最终目的在于掌握知识，只要能达到掌握知识的目的，一切学习方法都是可行的。有些方法看似不同，但实质上效果是一样的，所以不必拘泥于形式。同时，没有一种方法是万能的，而是要根据自己的实际情况灵活运用。希望同学们在学习英语的路上，能以兴趣相伴，掌握一些行之有效的方法，或许我们的英语之旅会不再孤单，不再沉闷，而是处处春暖花开，豁然开朗。

兴趣教学在英语课堂中的应用

文 / 马慧

　　兴趣是最好的老师，它教会我们努力奋斗的意义和真谛；兴趣是不会说谎的，它给予我们前进的动力，告知我们进步的方向；哪里没有兴趣，哪里就没有记忆；幸福的秘诀是让你的兴趣尽量地扩大，兴趣引导我们寻觅自己的人生幸福。这是兴趣的魔力，更是兴趣的魅力所在。仅就英语学习而言，兴趣之于我们，更是不可或缺的"催化剂"。所以，英语的学习不仅需要努力的汗水，更需要融入我们的兴趣。下面，我结合多年来的教学实际，就兴趣教学在英语课堂中的应用，总结以下几点与大家分享。

一、创设轻松的课堂氛围，鼓励学生展现自我

　　为避免学生在学习中过度疲劳，注意力不集中，教师应遵循兴奋与抑制过程的平衡规律，努力营造轻松的课堂氛围。用幽默的方法说出严肃的真理，比直截了当地提出更易让人接受。把幽默带进课堂，不仅可以打破沉闷的气氛，缓解紧张情绪，还可以融洽师生情感，使学生在轻松愉快的笑声中掌握知识、发展思维。比如，在讲 Healthy Eating（健康饮食）一单元时，我当堂让同学们就我本人经过寒假之后略显肥胖这一事实进行讨论，谈谈健康饮食和减肥问题，并提出建议。大家都积极思考、说出想法，如：take more exercise；eat less food；drink more water；take some special medicine. 他们思路开阔，想象丰富，语言流畅、幽默，真让人始料不及。也正是由于这样轻松的课堂氛围，越来越多的学生敢于展现自我。现在早已过了课堂上"小手背后，目视前方，不许乱动"的年代，课堂应是开放式的，让学生尽情发挥想象，真正与教师配合，形成"双边式"教学。可以允许学生在课堂上充分展

示无伤大雅的语言，例如讲到"control"一词时，可以讲"birth control"和"out of control"。当时，学生对这个词只有字面的、简单的理解，然而就在临下课前三分钟，一名学生举手，我问道："What's wrong?"他小声答："W. C."我立刻明白过来并说："Just wait until the class is over."正在他面露难色之际，另一同学答道："But he can't control himself, it is out of his control."当即我们大家笑作一团，同时，使大家在轻松、愉快的笑声中牢固掌握了"control"一词的用法。

二、帮助学生解决学习中的困难，保持他们的学习兴趣

学习中遇到的困难得不到及时解决，日积月累就会使人感到这门学科难学，以至于逐渐丧失兴趣。因此，教师可以寻找捷径，进行引导，使学生获得大量的间接经验，从而保持学习兴趣。在英语学习中，语言点，尤其是词汇的辨析，是学生听时明白、过后易忘的一部分，因此可以尽量想办法找窍门，帮助学生记忆。如"in time"和"on time"，学生都知道一个是"及时"，一个是"按时"，但就是分不清，于是我找到一个窍门："应（n）急（及）"有 in 就是"及时"，那剩下的一个"on time"便是"按时"。这样可以防止学生将语言点与"难"字划起等号，以保持学习兴趣。再如，讲感叹句时，学生对于"what"与"how"的用法常常混淆，我发现问题出在同学们不会区分感叹句中的名词，不知道该名词在整个一句话中是被修饰的部分还是主语。因此，在练习中，可先从句末部分入手，去掉句子的主语和谓语（如果没有主语和谓语可认为已被去掉，对于主、谓之后的成分可以忽略），之后看句子中是否还保留有名词，如果有，用 what，反之，用 how。如，在"beautiful flowers they are"中，同时将主语 they 和谓语 are 去掉后，剩下名词 flowers，因此用 what，所以该句为"What beautiful flowers they are."而在"beautiful the flowers are"中，将主语 the flowers 和谓语 are 同时去掉后，只剩下形容词 beautiful，而无名词，因此用 how，所以该句为"How beautiful the flowers are."

三、引入歌曲，练习听力

听力训练是英语教学一个很重要的环节，要反复、经常地训练。但纯粹地听录音，会使学生感到枯燥。此时，不妨听听英文歌曲，但要做到有的放矢，可将歌词提前写好，并去掉其中的一部分，让学生边听边填歌词。一次，我选了一首难度适当且较为流行的歌曲"Big Big World"，将歌词提前写成"I'm a a... in a..."让学生在听的过程中填全歌词。下课后，只听见满走廊都是学生在唱"I'm a big big girl..."音乐具有很强的感染力和感性色彩，而初中学生已有了很强的辨析能力，他们在欣赏优美旋律的过程中，能够全身心地投入。注意力的高度集中，正是英语听力练习中至关重要的环节。因此，运用歌曲来练习听力，既陶冶了学生的情操，又起到了训练听力的目的，真可谓一举两得。

四、引入内容生动感人的故事，让学生不断回味

在课堂教学中不仅要让学生有所知，更重要的是让学生有所感。因此，推荐学生阅读一些难度适中的英文书籍、资料和电影，如 Love Story（简写本）、《21 世纪报》《阿甘正传》等，并适当找一些感人的故事讲给学生听，让学生感受文字的美，并不断地去回味。这不仅是教育目的所追求的，也是培养学生持久兴趣的一种手段。

"小升初"英语行之有效的十种学习方法

文 / 杨菊英工作室

一、"预习—听讲—复习"三环学习法

有经验的学生总是在上每节课之前把老师要讲的内容认真看一遍，并做好预习记录，标明哪些地方不懂或一知半解，以及自己认为的重点、难点，这样在上课的时候听老师讲课就不会太费力了，同时也能够清楚地知道自己哪些地方预习得不足，哪些地方重点、难点抓得不够，在下次预习的时候更能抓住脉络，形成好的方法。上完课并不代表这节课的学习结束了，还要及时复习，强化记忆。在做作业的时候，最好先把今天学习的内容再完整地看一遍，这样做起作业来，错误率会很低。

二、"放电影"法

课间是在紧张的学习和短暂的休息之间的一种切换。如何利用好这短短的十分钟？聪明的学生总是在头脑里将老师所讲的内容过滤一遍，就像放电影一样，将刚才课堂上所讲的内容复习一次。这种做法既能及时强化记忆，又不是很累，很轻松地巩固了知识。

三、游戏法

在课间休息时，有的学生只知道打闹、玩耍，而用英语课本中的英文歌曲来做游戏也不失是一种好的方法，既能愉悦身心，又在玩中巩固了知识，可谓一举两得。

四、谈话法

在学生回家的路上，可以几个人用英语交谈，如谈论一下天气、家人、服装、颜色、动物等等，可以加深记忆，并能对学过的知识活学活用。

五、考试法

课堂小测、单元小测、学期小测都是检查学生掌握知识的主要方法，尤其是目标性的阶段小测很重要，教师也可以让学生自己出考卷，互相出、互相答、互相评判，充分调动学生的积极性。

六、总结归纳法

及时将单词归类记忆，如颜色、动物、植物、天气、家庭成员、职业、人体器官、玩具、交通工具……或按音标归类，或按词性归类等等，这样记起来效果会很好。

七、"偷看"他人笔记法

为什么要偷看呢？"书非借不能读也"，关键要看学习的态度。这种学习方法只适用于学习上进心强、具有竞争意识的学生。这样的学生对于上课所记的笔记十分重视，及时归纳整理，还喜欢对别人的笔记进行检查，看看哪些地方自己记得不全。

八、朗读法

在英语学习中，朗读十分重要，尤其是晨读。大声朗读，既实现了口、眼、脑并用，又强化了记忆，效果十分明显。

九、听写法

对于学过的单词，及时进行听写，便于学生掌握。每次听写不要太多，10个或是20个单词即可。

十、听录音法

教师可组织集中听、分组听、个人听等多种形式。只有经常听标准的发音，学生的发音才比较准确，朗读技巧才能不断提高，听力测试才不会丢分。

希望同学们找出适合自己的方法，应用到学习中去，相信你的英语成绩会有提高和进步。

记英语单词有妙招：教你一周记住 1600 个单词

文 / 杨菊英工作室

对初中生来说，英语单词难背、难记，这是不争的事实。一周记住 1600 个单词绝对不是简简单单的让你一周"记住"这么多单词，而是用一周时间达到"见词就认识"，方便你提高阅读的效果。希望大家善于利用这个学单词的方法。

在学英语单词的时候，需不需要记住单词的汉语意思？不需要，英国人的英语课本里根本就没有汉字，何谈记住单词的汉语意思？

既然英国人学英语不需要记住（甚至根本就见不到）单词的汉语意思，那么中国人学英语为什么要去记住单词的汉语意思呢？这种做法，大家不觉得奇怪吗？

然而由于中国人学英语时都在背单词的汉语意思，因此大家反而觉不出"背汉字"有什么奇怪的了。

其实仔细想一想，这种行为真的很奇怪，奇怪的根源不在于行为本身，而在于中国人普遍不会直接识别英语单词的意思，只好靠汉语符号来机械地帮助记忆英语单词的意思，这样去学英语不仅多此一举，而且必然会陷入苦海无边的符号记忆灾难中。

其实英语单词和汉字一样，存在着很多的"偏旁部首"，知道了偏旁部首，就可以根据它们直接猜测单词的意思，虽说不是百分之百的准确，但起码可以猜出大概，至少在别人告诉你单词的意思后，你可以恍然大悟地领会它，这样就可以大大增强你对英语单词"见字识意"的能力，做到真正认识一个单词，而它的汉语意思仅作为一般参考。

举几个例子来说吧：

比如单词 representative，请别急着告诉我你认识这个单词，其实你不见得"认识"这个单词，你仅是凭着记忆记住了这串英语字母和两个汉字符号"代表"之间的对应关系，这样去学英语多费劲？

re 在英语里是一个偏旁部首，它是"回来"的意思；pre 也是一个偏旁部首，是"向前"的意思。sent 也是一个偏旁部首，是"发出去、派出去"的意思；a 仅是偏旁部首之间的一个"连接件"，没了它，两个辅音字母 t 就要连在一起了，发音会分不开，会费劲，因此用一个元音字母 a 隔开；tive 也是一个偏旁部首，是"人"的意思。那么这几个偏旁部首连在一起是什么意思呢？

re-pre-sent-a-tive，就是"回来–向前–派出去–的人"，即"回来征求大家的意见后又被派出去替大家讲话的人"，这不就是"代表"的意思吗？这样去认识一个单词才是真正"认识"了这个单词，把它认识到了骨子里。

再举一个例子吧：psychology。psy=sci，是一个偏旁部首，是"知道"的意思；cho 是一个偏旁部首，是"心"的意思；lo 是一个偏旁部首，是"说"的意思；gy 是一个偏旁部首，是"学"的意思，logy 合起来是"学说"的意思。因此 psy-cho-logy 连起来就是"知道心的学说"，因此就是"心理学"的意思。

不多举例了，要表达的观点已经清楚了，那就是：不要去死记硬背单词的汉语意思，而要用识别"偏旁部首"的方法去真正认识一个单词。真正认识了单词后，你会发现单词表里的汉语翻译原来其实很勉强，有时甚至根本翻译不出来，因为汉语和英语是两种不同的文字体系，两者在文字上本来就不是一一对应的，只背英语单词的汉语意思是不能真正认识这个单词的，甚至会造成后续学习的很多困难，会让你一辈子看英语单词如雾里看花，永远有去不掉的陌生感。

其实英语里偏旁部首的学名叫"字根"，常用的也就二百多个，它们就像 26 个字母一样普通而重要，就像汉语里的偏旁部首那样普通而重要，它们是学习英语的第一课里就应该学习的重要内容。学英语者应及早掌握这些重要的常识，及早摆脱死记硬背的蛮干方法，及早进入科学、高效的识字状态。

面对众多英语单词，除了词根猜意法之外，有没有实用的速记方法呢？有！我们把初中 1600 个单词归类整理为十类，然后研究出与之对应的十种记忆法。下面我们任意列举四法，让你感受到英语高效学习法的神奇威力。

方法一：串句速记法。这种方法将两个或多个形似词、音似词或义似词安排在同一句中，同学们通过诵读例句，对比相似词语的读音、拼写和词义，快速而准确地记忆这些单词。例如：The lively girl is really lovely.（那个活泼的姑娘真可爱。）又如：A mouse has a very small mouth.（老鼠有张很小的嘴。）再如：My aunt never steps on an ant.（我婶婶从不踩死一只蚂蚁。）所给的这些例句，有的幽默有趣，有的朗朗上口，都具有极强的对比性。

方法二：歌诀速记法。用"歌诀"识记单词的词形、词义和用法，可化枯燥为有趣，化烦琐为简洁。例如：用歌诀速记 money 和 monkey 的拼写和词义：老 K "钱"中游，"金钱"变成"猴"。又例如：何时使用 have gone to，何时使用 have been to，令人迷茫，若运用"have gone to 已去未归，have been to 去过已回"进行巧辨，会使你茅塞顿开。再例如：用"do with 找 what 配对，deal with 与 how 有缘"巧辨这两个短语表示"解决、处理"时的固定搭配。这些"歌诀"或"顺口溜"速记法，寓学于乐，实效非凡。

方法三：归类速记法。虽然英语单词众多，但在词形、词义、读音和用法上却有异也有同。因此，可以采用归类速记法来"合并同类项"。例如：有只 cat，身体 fat，屋角 sat，装作 hat，想捉 bat 和 rat。又例如：酒吧 bar，小车 car，罐子 jar，遥远 far，火星 Mars，星星、明星是 star。再例如：一个 one，没有 none，走了 gone，事情被做过便是 done。用这种"归类速记法"识记的单词或短语不是一个而是"一串"，对整体快速识记大有裨益。

方法四：个性速记法。对于识记单词，各人有各法，只要用自己的方法能准确识记，那就是有效的方法。例如识记 window 这个单词，有的记法是"w 在两头，in 和 do 在里头"；也有的记法是"两个女人（W）在里面做事（in 和 do）"。再例如识记 banana 这个单词，易错处是 3 个元音字母 a，有人的记法是"香蕉一个一个又一个长在一起（a 表示'一'）"。

任务型教学在定语从句中的运用

文／马慧

定语从句是中学语法学习中的重要知识之一。在教学实践中，使用新课标下的任务型教学模式，教学效果会更好。

按照语法的常规教法，教师会和学生共同探讨定语从句的概念、定语从句构成关系词的作用与选择、如何将两个简单句合并成一个含有定语从句的复合句，之后进行相应的练习，完成这个语法项目的学习。的确，这样对于应试而言已基本够用，但根据新的英语教学大纲中"当学习者积极地参与用目的语进行交际的尝试时，语言也被掌握了。当学习者所进行的任务使他们当前的语言能力发挥至极点时，习得也扩展到最佳程度"的提法，在玩中学，在语境中学，再学以致用，会是更加有效的学习方式。

一、活跃气氛，做猜词游戏

先由老师给出含定语从句的句子，学生来猜所指的物品或人。如 T：Who is the athlete that won eight gold medals in the Beijing Olympics？S：Michael Phelps.这样进行几组后，就可以由学生就自己感兴趣的人、物话题进行问答（此时不一定只是猜词，可以对话），以培养学生的听说能力。可能是游戏的缘故，学生思维开阔，做出了这样的对话，A：I like the one who is standing there.B：Me too，but I don't like the one who is talking with me.

二、写作训练

既然能鼓励学生说出句子，就可以帮助他们组句成篇，以培养学生的写作能力。先抛砖引玉，给出一段用定语从句来描述人的文章，如" Yanglan， who was born in 1968 in Beijing and who holds a master's degree in Columbia University in the United States, is one of Chins 50 most successful entrepreneurs and probably China wealthiest self-made woman." 让学生来感知并讨论定语从句在写人、叙事时的运用，必要时可给予一定的分析和指导，然后开始模仿式的写作。如："人物简介：马克·吐温，美国著名作家，生于美国密苏里州（Missouri）的一个小城镇。他在叔叔的农场里度过了童年，这是他一生中最快乐的时期。他早年丧父，十二岁不得不自己谋生。他曾当过多年的印刷工人，后来在密西西比河上当过领航员。在那里，他开始接触并了解各式各样的人物，他热爱水上生活……"可让学生勾出要用定语从句表达的句子并翻译 (1)Mark Twain, who was a famous American writer, was born…(2)…on the farm, which was the happiest period in his life. (3)…the Mississippi River, where he began to get in touch with…然后经过文字的组织与修饰，形成篇章。Mark Twain, who was a famous American writer, was born in a small town in Missouri. He spent his boyhood on his uncle's farm which was the happiest period in his life. When he was still young, his father died. At the age of 12, he had to begin earning his own living. First he was a printer for many years. Then he worked as a steamed boat pilot on the Mississippi River, where he began to get in touch with all kinds of people and understand them. He was very happy on the river…这样，课堂练习后再留作家庭作业，使学生熟练掌握这类作文的写法后，可举一反三，再练习一些其他记人的作文，继而发展到描述地点、城市类的文章。学生在不知不觉中学会了写作，不产生畏难情绪，同时也掌握了定语从句。毕竟，"以交际为导向的课堂教学，同时也有明确的语法的讲解，要比只注重语法教学或回避语法的讲解的沉浸式教学更好。"

三、含定语从句的长难句分析

在对定语从句有了较好的理解后，可以给学生准备一些难度并不大的含有定语从句的长难句来进行分析和翻译，以培养学生的阅读和翻译能力。如：（1）Newton is shown as a gifted scientist with very human weaknesses who stood at the point in history where magic ended and science began. （牛顿被证明是一位很有才华的科学家，他处于一个魔术终结科学开启的历史时期，他也有普通人所特有的弱点。） （2） Tom thought of the difficulty with which he manage to get the amount of money he needed to start his gas station. （汤姆想起自己的难处，他曾设法搞一大笔钱，他需要这笔钱来开办自己的加油站。） 之后再过渡到文章的阅读。

四、课后口头作业

设置一个话题任务 "介绍节日：你接待的外国朋友对中国的文化很感兴趣，她想了解中国的民俗与节日。请每个小组运用定语从句来介绍即将到来的中秋节。" 让同学们进行思考并准备，在第二天的课堂上展示，以培养学生的口语表达能力。 如："Middle－autumn Festival is a good day when all families get together.The special cakes that/which we eat on that day are called moon cakes.We like to watch the moon that/which looks bigger and rounder than usual.We talk about the story that/which is about Change.The West Lake is the best place where we watch the moon."

采用任务型教学方法，在学生了解相关语言项目的基本结构和表意功能后，教师设计贴近学生生活的任务，将抽象的语法融入生活情景中。在任务的完成过程中，以参与、体验、互动、交流、合作的学习方式，充分发挥学习者自身的认知能力，调动他们已有的目的语资源，在实践中感知、认识、应用目的语，从而达到内化规则和有效提高学生语言运用能力的目的。

有效背诵英文课文的八个原则

文 / 杨菊英工作室

不能否认，背课文是学英语最好的方法之一，特别是对于少年更是如此。背课文是一项虽然艰苦却其乐无穷的学习方式，只要把握得好，就能够使学生在快乐和成就感中学习。

第一条原则：理解而后能背。

对于一篇课文，首先要非常清楚它的意思，"生吞活剥"式的死记硬背是没有效果的。在背之前，首先要弄懂文章的中心内容：记叙文要弄清楚记述的事情、人物、时间、地点等等；说明文要明白主要解说对象的不同方面和性质；议论文则要弄清所讨论的问题和主要的论点、论据、论证的关系。要以文章内容为线索进行记忆。要弄懂上下句之间的内容和逻辑上的关系，而后才是语言上的起承转合。这样背课文就是因事而语，有意义地背，言之有物，背之有理。这样的背诵对日后的写作和口语也有极大的帮助。

第二条原则：所背的文章要典型而纯。

文章一旦背会，就会很长时间甚至永远不忘，对今后的英语学习产生深远影响，所以要选那些真正典型的文章去背，以完全正确和有代表性的文章丰富孩子的语言资料。

第三条原则：先听后背。

既然背课文是练习英语口语行之有效的方法，那么在背的时候就要特别注意。学语言，模仿是关键，所以在背之前要先听，而且要听原装正版的录音，特别推荐外籍教师的录音，这样能够学到非常地道的发音。要反复听，直到能够模仿得很像为止。这一个阶段是比较枯燥的，但非常有效。

第四条原则：从易到难、从短到长、循序渐进。

背课文比较辛苦，特别是一开始，尤其要避免产生抵触心理。所以背诵不要贪多，先要建立信心和兴趣，逐渐熟悉背课文的套路和英语中一些常用的关联词，这样循序渐进，背诵就能够越来越容易。

第五条原则：一日之际在于晨。

早晨是练习口语和背课文的黄金时间，要充分利用。每天早起半个小时，大声朗读、背诵，不但对学习英语有帮助，对自己一天的心情和学习状态也都有好处。

第六条原则：注意重点句型和单词。

背课文不只是注重整体，对于单个重点的语言现象应该给予同等重视，毕竟背课文最重要的任务就是要在课文中学习英语。所以，在背诵前应该认真学习、掌握课文中的重点单词，不仅注重发音和拼写，还要注意前后搭配。要全面了解重点的语法现象，注意各种实际使用中的变化以及具体的含义。

第七条原则：及时复习，多多重复。

背诵的东西要及时重复，一般要重复28遍才可能比较牢固地记住。当然，我们并不是要求记住每一篇文章，但是如果随背随忘也就没有意义了。记忆最有效的方法就是多重复、及时复习。把一篇文章背得烂熟，比把十篇文章背得结结巴巴要好得多。所以，重复和复习不是减慢速度，而是学习英语的必要手段。

第八条原则：背诵的同一篇课文要尽量以不同语调、在不同环境和条件下重复，这样不仅可以增强记忆，更可以使所背的课文"活"起来，真正成为招之即来的如意工具。比如一篇记叙文，既可以以朗诵的语调高声朗诵，也可以用讲故事的方式娓娓道来，这样才会逐渐从语言的习惯中解脱出来，变得更加重视语言所表达的内容。这样，在相似情况出现的时候，语言就会自然而然地脱口而出。

培养学生终身学习英语的能力

文 / 马慧

在课堂教学中培养学生终身学习的能力，关键在于培养学生的思维能力和思维品质。本文通过对英语课堂教学具体实践的观察、分析和研究，提出了"多问为什么"的做法，就是在平时的课堂教学中，对学生回答的问题多问"为什么"，同时通过多种途径，让学生对教师课堂中讲述的内容，以及平时的学习、生活中遇到的英语学习的问题多问"为什么"。这样既能培养学生的思维能力，又能使学生养成一种问"为什么"的思维习惯，使学生的思维品质也得到锻炼。

一、教学现状

事实上，有很大一部分英语教师对这个问题的认识还不足，在英语课堂上的做法都只是流于形式，没有引导学生展开思维。具体表现就是：在课堂教学的一开始，用幻灯片将教学多元化的目标展示出来，其中"能力目标"写得清清楚楚。但可能是因为能力培养不能立竿见影，又不能像认知目标那样可以及时检测，在教学的具体过程中，就找不到或是很难找到体现培养能力的内容，当然也就不可能达成能力目标了。譬如，教师在课堂上提出一个问题，学生答不上来，教师就马上自己说出答案；又如，在英语习题评讲中，教师读了一个选择题，让一位学生站起来回答，学生回答"A"，教师马上说："对了，请坐，下一题。"再如，教师问出一个问题，学生回答了一半，还没有将自己要说的说完，教师马上打断，说："正确，请坐下。"等等。

二、问题分析

首先，课堂教学的目标是多元化的，不能有任务观点，不能错误地认为教师讲完了，目标就达成了。课堂教学应该以学生学得如何来看目标是否达成，就算教师讲完了，学生学完了，还要看学生学到了什么。如果是学到了知识，充其量也只能说达成了认知目标，而能力目标又在哪里呢？决不能用认知目标来代替多元化的教学目标。其次，从教学效果来看，课堂教学的确需要一定的容量，但这种容量是建立在质量的基础之上的，容量加大了，没有一定的质量作保证，又何谈效果呢？那种机械的"教师一问、学生一答"的习题课，仅仅是对对答案而已，绝不能算教学，否则"教"的过程在哪里？"学"的过程又在哪里？再次，就教学主体——学生方面来看，学生回答对了，只是回答了一个结果，也只是一种形式，但他是怎样答对的呢？是不是该让这位学生把过程说完？这才是真正的内容。这位学生的想法、回答问题的思路会不会比教师的更好一点呢？如果想法和做法有问题该怎么办？只要这个学生参与了学习过程，动了脑子，就算学生回答得不对，或是说了一些与问题无关的东西，又有什么关系呢？一个学生回答对了，其他学生的情况是怎么样的呢？他们是不是这样想的呢？学生有其他想法怎么办？

从以上几个方面的分析来看，那种对答案的"教学"，那种教师代替学生回答的方法，那种不让学生完全说完的教学，只是一种看起来有声有色、热热闹闹、有问有答，而实际上却是一种流于形式、没有思维过程、缺少真正的"教与学"的过程的机械教学，这种方法又怎能培养学生终身学习的能力呢？

三、解决对策

如何才能做到将教与学的过程展示出来，让全体学生都能够有机会加入到这种教与学的过程中来呢？有些教师做得比较好。在学生回答完问题之后，不论答案是对还是错，都要再问一次"为什么"，让学生将自己思考的过程说出来，如果说不出来可以请求帮助，请其他学生帮着说，再让全体学生来判断是否正确。如果学生无法判断，就在课堂上进行讨论，最后教师再作总结，肯定每一个参与讨论的学生的成功之处，让学生看到自己身上的闪光点，同时知其所以然，在掌握知识的同时，能力也会同步增长。时间是花得多了一些，但学生的思维能力、表达能力、参与意识、自主意识等多方面的能力得到培养，就是再多花一点时间，难道不值得吗？通过对上述两种情况的分析和比较，我们不难发现，对学生进行真正的能力培养，后一种情况是切实可行的。那么后者的做法有什么过人之处呢？从形式上看，无非是多问"为什么"；从内容上看，无非是学生们都能积极有效地参与到学习的过程中来。所以从结果上来看，其优势是学生在掌握知识的同时，以思维能力为核心的多方面能力也得到了培养。

因此，只要我们在教学中设计一些适合学生回答和争论的问题，并且多问一些"为什么"，就能将学生的积极性调动起来，让他们积极主动地学习。教学过程是"教"和"学"两个方面的过程，"教"的过程可以这样，那么学生"学"的过程是不是也可以这样呢？当然可以。学生在听课过程中，或是在平时的学习、生活中有什么不懂的问题出现时，要鼓励学生多问"为什么"，让学生将学习过程中的疑惑提出来，可以在课堂上提，在作业本上提，也可以以书信的方式提。课堂上的问题，教师直接回答；作业本上的问题，教师在批阅作业时回复；书信上的问题，教师可以抽时间去回复。当然，也不要正面回答，而是只给予一些提示，让学生通过回复的提示，自己解决问题。对于一些目前阶段还回复不了的问题，就在鼓励的同时，介绍一些有关的书籍、资料和网站，让学生通过自主学习去解决，这样即使目前解决不了，也在学生的心里埋下了一颗探究的种子，这样不但培养了学生的自主能力，也会促进学生进一步提出更深层次的问题，有利于他们将来的发展。长此以往，学生会养成一种在学习过程中不断提出问题、思考问题、解决问题的习惯，使自己的思维习惯得到培养，思维的品质也会有所提高。

存在困难是正常的，只要我们从根本上改变教育观念，进行"团体作战"，取得领导的支持、家长的理解，学科教师敢于变革、勇于改革，再加上学生的积极配合，教师和学生都多问"为什么"，将来学生到了社会上工作，就不需要再补上"终身学习能力培养"这一课了。

让每一分钟都产生学习效益

文 / 杨菊英工作室

黑格尔称时间"犹如流逝的江河，一切东西都被置于其中席卷而去"。霍尔巴赫说："我们的生命是无数必然时刻的一种连续。"数学家华罗庚说："凡是较有成就的科学工作者，毫无例外的都是利用时间的能手，也都是决心在大量的时间中投入大量劳动的人。"正因为时间宝贵，一些有识之士便想办法让人们学会珍惜时间。居里夫人的会客室从来不放座椅，使来访者难以拖延拜访时间；卡扎菲发现总统府的官员坐在椅子上闲谈，于是撤出所有的办公椅，让他们站着办公。这些做法，可能有人认为太过分。然而屠格涅夫说得好："没有一种不幸可与失掉时间相比了。"没有时间的保障，任何学习都是不可能的。作为初中生，应该学会统率时间、驾驭时间，充分利用好时间。只有这样，才能在有限的时间内高效、高质量地完成学习任务。

那么，怎样才能有效地利用时间呢？时间的利用，关键在于掌握利用时间的方法和技巧。只有巧妙地管理时间、合理地利用时间，才能发挥时间的最大价值。

（1）制订学习计划。列一张单子，写下所要做的事，然后分门别类地计划好。这样能使较复杂的事情变得容易处理，而且每完成一小步，就会有成就感。

（2）分清轻重缓急。先做重要的、必须做的事，不要尽挑最容易、最喜欢的事下手。分清轻重缓急，是高效学习的重要原则和基本方法。

（3）专心致志。改掉心不在焉的习惯，加强自我约束，将干扰降低到最低限度。例如：不完成学习计划就不出去玩、不看电视；对同学不合理的要求学会说"不"。

（4）提高效率。找出处理问题的最好方式。例如：记不清老师布置的作业了，如果打电话可以问，就不要跑到同学家去向。

（5）利用时间的"边角料"。饭前饭后、等公共汽车时、上学和放学的路上，都可以挤出十分钟的时间来阅读、回忆或思考一些问题。俗话说"巧裁缝不厌零头布，好木匠不丢边角料"，几分几秒的时间，看起来微不足道，但汇合起来就大有可为。

（6）高效听课是关键。要想学习好，高效听课是关键。课堂上若能解决当天新课学习的问题，那么，课下除了完成作业外，其余的时间都能成为个人的自主学习时间。那些课堂学习效率不高的同学，把许多课堂上应该解决的问题留到了课外，不但加重了课外学习的负担，而且永远也不会掌握学习的主动权。

①做课堂学习的主人

做课堂学习的主人，就是要主动、积极地参与课堂内的全部学习活动，不当旁观者。如果一堂课是一场戏，那么课堂内的每一个同学都应该是这场戏的一个角色，并且人人都应争唱主角。这里所说的参与，主要是指参与课堂的各种思维活动；这里所说的争唱主角，主要是指大胆发言和参加课堂讨论。

不少同学都有这样的体会：某一个问题，曾在课堂被老师提问过，虽然当时答错了，但在很长时间内，对这一问题的解答仍有清晰的印象。这是因为参与讨论时的思维活动比平常状态下要活跃得多，它调动的人体感知事物的多种分析器及其效应器的协调工作，在头脑中形成的强烈的刺激。因此，我们要学会做课堂学习的主人。

②带着问题听课

这种方法适用于新授课、综合课。上课前要认真预习、阅读教材，把不懂的问题记下来。这样，上课时老师讲些什么，自己已知道哪些，哪些需要弄明白，就能做到心中有数，上课时听讲就有了针对性，遇到自己不明白的问题，就听得格外认真。如果老师对这处难点讲得不细致、不透彻，学生还可以在课堂上及时提问。自己不会的东西，也常常是大多数同学不会的东西，一旦提出来，既代表了同学们的心声，又帮助老师了解了学生情况，抓住了教学中的重点、难点。如果所提的问题不具有普遍性，老师征求别的同学的意见，大家认为没必要在课堂上再讲一遍了，那也不要紧，还可以在课后向老师请教。

③要听懂重要细节

俗话说："会听的听'道道'，不会听的听热闹。"课堂上听讲也是这样一个道理，会听讲的学生能听出问题的来龙去脉，不会听讲的学生只是听听热闹。听讲时一定要听懂老师所讲的每一个重要细节，在这个细节上看老师是怎样思考、分析、判断和处理的。越是细小的重要细节，就越能学习到更多知识。

④要以理解为主

听讲的目的就是要听懂老师讲解的内容。有些学生听讲时分不清主次，结果抓住了芝麻，丢掉了西瓜。

"听讲，听讲"，主要就是先"听"，"听"是主体，"想"与"记"是次体。对老师讲的内容要听清楚，听准确，听出重点，听出意图，听出弦外之音。原则是先听清楚再思考，思考懂了再做笔记，不要只顾思考和做笔记而忘记了听讲或顾不上听讲。

⑤要有比较地听讲

听讲中，要把自己在预习、自学中的理解和老师的讲解相比较，看自己理解的和老师讲的有哪些相同点和区别点。通过这种比较，一是能加深对课文的理解，二是能加强自己的思考、认识与提高，三是能发现自己在预习、自学中所出现错误的原因。

⑥课堂上要积极发言

课堂上，老师会经常提出一些问题让学生解答。这个时候，正是锻炼自己和提高自己的最好时机。要积极大胆地抢先举手发言，回答错了也没关系，自己存在的问题越暴露出来就越便于纠正。有些学生学习成绩平平，担心回答错了，同学们会嘲笑自己，因此经常不发言。有的同学害怕发言与提问，当老师提问时，心跳得咚咚直响，眼睛不敢正视老师，唯恐老师提问自己。这种害怕提问、视老师提问为痛苦与麻烦的学生永远学不到更多知识。

⑦自觉参与讨论

学生自学还不能解决的问题，可参与分组讨论。讨论有利于学生在平等的气氛中共同探寻真理。

讨论是在同学中进行的，不像面对老师时那样，大家会等着老师拿出现成的答案。同班同学完全平等，大家不会有顾虑。在平等的气氛中畅所欲言，每个人潜在的聪明才智就容易被激发出来。课堂讨论能促使学生积极思考，加深学生对所学知识的理解，能及时发现自己的弱点并及时克服。讨论时因听取了各种意见，自己容易受到启发而产生新的创意。讨论还能锻炼一个人的口头表达能力，提高人的辩论能力。课堂讨论好处很多，同学们一定要珍惜讨论的机会，不做局外人，不闭关自守，而是自觉参与到小组讨论或全班讨论之中。

⑧注意课堂小结

课堂小结一般从以下几个方面进行：

第一，回顾一课堂从头至尾的过程。这节课的主要内容是什么，老师开头是怎样引入的，中间是怎样引导分析的，最后是如何总结归纳的，都应弄清来龙去脉。

第二，合理评价老师的思路。在理清老师思路的基础上，思索老师用了哪些思维方式，思维过程怎样。

第三，留心结束语。结束语是老师对一堂课所教内容的概括总结，留心它，有助于把握这堂课的整体，做到"胸有全课"。

第四，概括出本节课所学知识要点，同时将它纳入自己已有的知识结构里，融会贯通。

英语各题型答题策略

文 / 马慧

一、听力理解

1.预读试题，大胆猜测。考生拿到试卷后应该快速读题，对可能听到的信息或考核内容进行预测，带着问题听，带着预测去搜索答案。

2.整体把握，适当记录。要从整体上去把握语段，理解语篇，弄清谈话双方的身份、谈话的地点以及主要内容，然后有意识地去听。听时可适当记录，记录要简略。

3.平心静气，大胆地放。在听的过程中，如果遇到听不懂的词或单句，不要着急，放过去。

二、单项选择题

1.直接法。即直接利用相关语法知识，通过题干中的已供信息，捕捉到解题线索，从而得出正确答案的解题方法。

2.关键词法。找到句中的关键词，也就找到了解题的突破口。

3.类推法。如果对题目的备选答案没有十分把握或把握很小，不妨利用"如果 A 对，那么 B 也对"的类推法，从而将 A、B 予以否定。

4.前后照应法。此方法多用于两个以上句子或对话形式命题的题目。解题前，透彻理解，然后联系上下文，捕捉隐含信息，方能准确找出答案。

5.排除法。根据题干提供的信息，先把一眼就看出的干扰项排除，缩小选择范围，然后将剩余的选项填入空白处进行检验，辨别真伪。

6.交际法。此方法可用于交际用语，联系上下文直接解题。

三、完形填空题

1.略读全文，掌握大意。完形填空首先是测试理解能力，所有题目只有在比较准确地理解短文意思，了解了文章结构和句子结构后，才能有把握地去填选。很多考生为了节省时间，边读边选，这样做容易出错。最好先花1—2分钟把文章略读一下，对文章的内容、结构及文章的主要线索都要心中有数。

2.瞻前顾后，谨慎选择。文意既明，就开始选择。完形填空的每个空格究竟选哪个选项才恰当，取决于以下几个方面：第一，语境（即上下文）。第二，语法知识。第三，必要的常识。第四，注意同义词、近义词的细微区别和一些固定搭配。

3.复读全文，仔细检查。完成选择后，最好再将短文从头看一遍。为了使这一遍阅读顺畅，建议考生第二步就把选择的词语填在空格中。阅读时，对感觉不恰当的，进行反思并修正。

四、阅读理解

1.通读全文。通读全文时应采用快速阅读的方法，准确理解短文的大意，获得整体印象。读题时还应找出文中的关键词、中心句。要特别注意文章的开头和结尾，因为它们能提供主要的信息。

2.逐项选择，答易留难。在掌握了文章的大意后，考生可以带着问题第二次细读题目。对于知识清楚、答案明确的直接选择。对似是而非、不好确定的疑难题先留下。应遵循"先易后难"的原则。还应注意文章的整体性、逻辑性，前后意思兼顾，不得将句子拿出来单独考虑。

3.反复斟酌，全盘检查。第三次读题时，携带成果回归原文，要充满信心地复查。考生应对各个被选答案进行分析对比，去伪存真。即使无从判断时，也要猜测出一个答案，切不可留下难题不填。

五、选词填空

此类题需先将所给单词逐一浏览，就词义与词性做到全面掌握。然后可按照做完形填空的方法去完成。总之，判断正确答案要从多角度去考虑，把语境、语法、词法、常识、固定搭配等有机地结合起来，综合考虑是做选词填空题的最佳方法。

六、任务型阅读理解

完成这一题型应非常细致、认真地到原材料中收集有用的信息，并且经过整理输出信息。在明白题意和文义的基础上，仔细阅读后面的题目要求，根据实际情况去完成所要求的任务。另外，任务型阅读题型应特别注意大小写及书写规范问题，做到每个细节都万无一失，保证做题的准确性和得分率。

七、情景交际

作为阅读理解类题型，"情景交际"成了必考题，用来考查学生的情景交际能力。因此对于考生而言，一定要熟悉日常交际用语及对话话题。语言是灵活多变的，所以一定要注意根据语言环境，具体问题具体分析。要做好这类题，需从以下三个方面着手：

1.仔细审题，明确大意。首先要仔细审题，即在对话不完整的情况下，尽量弄懂该篇对话的大意和情景（如购物、看病、问路和应答、约会、口语应用等）。

2.分析对话，试填答案。在解题过程中，要根据具体语境和上下文，分析对话中所缺部分、判断所缺的句子。

3.全文复读，融会贯通。在试填好答案之后，应从头至尾再把对话读一遍，按照对话情境和中心内容推理判断。

八、词汇考查

单词拼写要拿高分，就要做到会背、会写1—6册课本中多个单词。平时还可以多翻译一些英语句子，先用英文念一遍，然后再用中文表述一遍。答题时不能脱离句子单看单词，应该先弄清楚句子的意思，不然会背再多的单词也徒劳无用。

九、按要求完成句子

首先，通读浏览。浏览整个句子，根据所缺失部分大致判断需要选择的词语的方向（词性）。第二，层层筛选。将不同词性单词的易考点分层细化是提高此类题准确率的实用技巧。第三，检查整句。当作答完毕后，将所填词语放入句子，整体浏览，从时态、语态、词形、数的一致性等方面检查。

十、书面表达

书面表达从三个方面考查学生：内容分主要考查文章主题是否明确、内容是否紧扣命题、语言是否精炼。语言分主要考查学生单词的拼写能力、标点符号的使用、句子语法的运用是否正确等。结构分主要考查学生是否能熟练、恰当地运用所学单词、词组和各类句型，行文是否流畅，衔接是否合理。

1.写作前先仔细审题，分析题目与要求，搞清题意。研究题目要求与关键词或要点提示之间的关系，确定主题、中心思想和要写的主要内容以及写作思路与框架。

2.确定文章的时态，注意时态前后一致，动笔之前根据题意把需要的句型、动词短语等罗列出来备用。

3.组织运用语言，运用语法知识和词汇知识，依据素材形成初稿，要做到语言表达准确、规范、地道，文理通顺，尽量使用学过的、最熟悉也最有把握的句型和结构，应尽量避免长句和中国式英语。

4.仔细阅读全文，从整体上检查词与词、句与句之间的衔接，并做修正。最后注意书写规范，卷面整洁。

关注学生在课堂上的学习状态

文 / 马慧

课堂是学生学习的主要阵地，学生是课堂教学的主体，所以拥有良好的学习状态对学生高效学习至关重要。教师是学生学习的促进者，所以，能全面关注学生的学习状态并及时帮助学生调整学习状态的教师才是智慧的教师。那么，我们要关注学生的哪些状态呢？

一、关注学生学习的起点

一般教师在组织学生学习时，比较习惯于从学生学习的逻辑起点出发，按教材的编排意图有条理地进行教学。这样可能会犯两种错误：一种是忽视学生的真实基础知识。新教材的编写采用螺旋式上升的方式编写，所以学习新知识必须建立在假定上一轮学习已掌握到位的基础上。但因为时间造成的遗忘或者一些其他原因，有部分学生可能达不到教材所期望的逻辑起点。此时如果教师没有关注到，那么这部分学生会学得非常吃力，甚至有可能对学习失去兴趣和信心。另一种是忽视学生的"已知"。中学的升学压力非常大，有些学生在父母的要求下，可能已经提前预习过，或者课外知识比较丰富，早已掌握这些知识。如果我们仍然假定他们一无所知并进行教学，对学生来说肯定是索然无味的。时间长了，一部分同学会养成经常"开小差"的习惯，因为他们自我感觉已经懂了。也有一部分同学会假装不懂来配合教师的教学，在课堂上显得比较沉默。所以，在课前应该关注一些问题，如：学生在学习本课内容前的起点能力是什么？学生是否具备了进行新的学习所必需的知识与技能？学生是否已经掌握了或部分掌握了目标中要求学会的知识与技能？没有掌握的是哪些？有多少人掌握了？掌握的程度怎样？学生间的差异如何？哪些知识，学生自己能够独立完成？哪些可以通过学生间的合作学会？哪些需要教师的传授？哪些需要教师的点拨和引导等等。从方法上讲，可以在课前进行举手式小调查，提前一天布置一些作业进行分析，或者在课堂上设计一些问题情境现场观察。

二、关注学生的参与状态

学生会在行动上告诉老师自己的参与状态，例如阅读、画图、计算、提出问题、回答问题、倾听等等。学生也会用身体语言告诉教师，他们是否在积极参与：学习状态好的学生思维敏捷、精神饱满，当教师在教室中走动时，他们的眼睛会追随着你并且闪闪发亮。所以，智慧的教师一定要能保持学生在课堂中的积极性。如何保持呢？我认为要做好以下几点：

（一）做好充分的课前准备

教师每天都在上课，有些课，学生会频频看手表，暗示教师，他现在觉得每一分钟都很难熬。有些课结束的时候，学生会发出惊叹："啊，下课啦！这么快啊！"一节成功的课一定是一节做好充分准备的流畅的课，学生的学习思路不会被任何无关紧要的事打断。所以，教师必须对教学内容了如指掌，对重点难点处理得当，教学步骤设计得环环紧扣。做好了这些课前准备，教学语言自然充满了自信和理性，即使出现了偶发事件，也能游刃有余地机智处理。

（二）把握教学节奏

从中学生心理和生理发展规律来讲，学生不可能在一节课中始终保持高度紧张的思维状态。教育心理学研究表明，中学生的最佳思维状态约为20分钟。学生的精神状态会随着时间的推移而发生变化。适当的放松，可以避免学生产生疲倦的感觉。因此，教学的张弛相间、富有变化尤为必要。所以，教师在课堂教学中一定要十分注意把握好节奏。要遵循快慢交替、动静交替、张弛错落的原则。

（三）掌握唤回学生注意力的方法

对于许多学生而言，要想使他们能够全神贯注于整堂课的学习，只靠准备得完美无缺是不够的。即使是最好的学生，也需要教师在他们开小差时拉他们一把，帮助他们快速回到学习状态中来。唤回学生注意力的方法有很多种。例如让学生回答问题、轻轻敲击他们的课桌、和他们做眼神交流，更直接的还有警告、斥责或惩罚等等。但是如果应用方式不当，也会适得其反。学生可能产生抵抗情绪，不仅无法回到学习状态，还会影响全班同学的学习。所以，智慧的教师会根据不同性格的学生采用不同的方法，只有让学生在收到提醒后更认真、自觉地投入学习中去，才是有效的方法。

三、关注学生的情绪状态

外国学者斯托曼在《情绪心理学》中指出："在心情良好的状态下工作，思路开阔，思维敏捷，解决问题迅速；而心境低沉或郁闷时，则思路阻塞，操作迟缓，无创造性可言。"同样，良好的心情对学生提高学习效率是很有好处的。教师要能根据学生在课堂上反映出的学习情绪和心境，及时地调整授课方式和方法，使学生始终处于轻松愉快的积极情绪之中。由于情绪具有不稳定性和易变性，所以面对学生的消极情绪，教师要善于疏导，及时矫正。另外，情绪在一定的条件下具有传染性。所以，教师要学会控制自己的情绪，要用积极的情绪去感染学生，尤其要学会理智控制不利于良好课堂心理气氛形成的消极情绪。以良好的情绪激发学生的兴趣，以兴奋的情绪激励学生投入学习，以满意的情绪对待学生的每一点进步，以宽容的情绪对待学生的差错。

四、关注学生的思维状态

从教育学的角度着眼，"思维"接近于人们通常所说的"思考"，主要指人进行思考、通过头脑的活动解决问题的能力，是人的智力的一种表现。一般来说，人与人在智力方面的差别是很小的，智力超群和智力低下都是小概率。但思维却不同。同样智力水平的人，有的善于思考，思维水平高，有较强的解决问题的能力，有的却不善于动脑，遇到问题就一筹莫展，表现出较差的思维能力。以下几种方法有助于学生思维能力的培养：

1.在课堂上要多问"你是怎么想的"来关注学生的思维状态。第一，了解学生思考的内容是什么；第二，了解他们思考的过程和方法是什么；第三，要了解学生对教师帮助的需要程度。教师不应该只关注问题的结果如何，应该让学生耳闻目睹他人是如何进行思考的。有意识地把思维过程明明白白地展示给学生。这对一些思维能力弱的学生有一定的示范作用，帮助他们如何进行思考。

2.教师要多设计一些综合性的题目、开放性的题目。综合性的问题能鼓励学生融会贯通地理解知识，培养他们善于发现不同知识之间的内在联系，从而在实际解决问题中加以灵活应用。开放性的问题有利于学生在思考问题时运用多个途径、多种方式，对同一个问题从不同的方向、不同的角度、不同的层次，采用转化、变换、组合等多种方法进行思考。这些都有利于学生思维的培养。而且此类题型有助于不同层次的学生得到不同层次的成功，也是课堂分层教学的一种方式。

3.教师的提问要能有效启动学生的思维。教师提问要先易后难，这样才能激发学生对这些由易至难的问题进行主动思考。教师要多提鼓励学生思考、推断的问题，尤其是书本上没有明确答案，需要对相关知识进行综合、联系、概括才能回答的问题。那些不需要深入思考、能直接从书上找到答案的问题，会使学生养成不愿主动思考、不爱深入思考的习惯。当然，在个别提问时，教师要针对不同思维水平的学生设计符合其水平的问题，才能达到良好的效果。

4.教会学生高效率地"上课"。有些学生上课很认真，感觉都听懂了，可是面对稍有难度的题目却是不点不通。这是为什么呢？因为仅仅精神集中、不走神，不代表他的上课效率高。他很可能是跟在教师后面亦步亦趋，处在被动的"听课"状态，这样的思维活动只能解决教师讲解过的例题题型。学生应该争取让自己的思维跑在教师的前面，教师给学生思考的时间要充分，不能代替学生思考。另外，当学生的思考有了一定结果时，也不要沾沾自喜，应该继续思考自己的思维过程是否可以进一步优化。在大家一起交流的时候，要会学会倾听，对比自己的思维过程，并主动发表自己的看法。

初二学生如何在寒假合理地安排英语学习

文 / 杨菊英工作室

在经历了一学期的辛苦学习之后，寒假对于同学们来讲无疑是一段最佳的休息时期。可是，在这么长的时间里脱离学校有规律的学习活动安排，如果不能科学地协调好自己的学习与休息娱乐之间的关系，很容易造成身心的疲惫和学业的荒废与滞后。所以，希望同学们能在寒假生活中注意做好以下几个方面，以拥有一个健康、快乐、平安、有收获的寒假。

一、合理安排生活学习，制订定假期的作息计划

"凡事预则立，不预则废。"寒假开始的时候，同学们要回忆一下在刚结束的一学期中学到了什么，有哪些收获，有哪些不足，有哪些应该在假期中反思、改进。在寒假里保持规律、有序的作息，能够帮助同学们在张弛有度的生活中调节身心，并获得充分的兴趣发展、学业进步的时间和空间。在制订计划的过程中，一定要注意结合自身特点，在时间和内容的安排上考虑可行性和时效的长久性。例如，在学习时间的安排上不宜过于紧凑，应留有一定的余地。在学习内容的安排上也要考虑可操作性，不宜过多，以便同学们能长期坚持按计划作息，不会觉得这份计划难以执行，或只进行了一两天就不能再坚持了。在制订计划时，还应该把假期返校、社区活动、走亲访友或培养发展自己的兴趣、特长所必需的时间因素事先考虑在内。

二、仔细分析学习现状，明确自己的提升空间

假期是供同学们对自己的学习现状适时地回顾小结、查漏补缺、突破学习"瓶颈"的绝好时机。就英语学习而言，有的同学觉得自己的词汇量不

足，那么在寒假里，如果每天能做到根据单词的发音记忆一定量的生词，例如每天记十个单词，并且不断地以新带旧、积少成多、循序渐进，在寒假结束的时候，词汇的累计便可以达到 600 个，这是非常可观的。又如，有的同学认为自己的阅读理解和完形填空能力较弱，那么在寒假里也可以有所针对地进行一些相关阅读和练习训练。阅读内容可以选择适合自己的英语水平或所处年级水平的任何英文版的书刊读物，而练习的量可以为每天二到四篇，逐天积累，实现由量变到质变。再如，有的同学觉得自己的发音或听力方面尚有不足，那么，寒假则为同学们在家里跟读光盘，收听、收看英语节目和新闻提供了时空条件。如果有的同学认为自己还达不到活学活用、触类旁通的境界，那么寒假也为同学们增加练习、进修培训、拓宽视野提供了时间与空间的保障和可能。

三、认真梳理知识内容，开展有效的复习、预习

寒假给了同学们一个温故知新的好机会。在认真、独立、按时地完成假期作业的过程中，同学们可以复习和思考已学过的知识内容，并争取将它们串联起来，构筑成相应的知识体系，以便清楚地了解知识之间的联系和区别。如，整理一词多义、一词多性；形近词、近义词；句型、句法等知识内容。对于学有余力的同学而言，寒假还是一个为新学期奠定基础的准备阶段。在此阶段，除了完成作业、复习和巩固已学过的知识内容之外，还可以安排时间预先了解和学习新学期即将要学的新的知识内容，例如将要系统学习的被动语态、宾语从句和不定式结构等等，以及需要有所了解的定语从句等方面的知识。

总之，同学们如果能够很好地把握寒假的时间，做到既能让自己的身体、心情得到良好的休息、调节，又能令自己的兴趣特长得到进一步的发展、发挥，还能使自己的文化学习得到巩固和提高，那么，你们就能为新学期的到来做好充分的准备。

初中新生的班级管理技巧与策略

文 / 马慧

班级是学校教育教学的基本单位，班级管理是整个教育教学工作中的关键环节，是学校管理的重要组成部分。抓好了学生的班级管理，打牢了基础，就能促进学校的教育教学及其他各项工作。

学生从小学向中学过渡是人生的关键节点之一。刚升入初中的同学，对一切都感到陌生，对中学的学习特点和生活习惯有些不太适应。班主任应抓好过渡时期的班级管理，及时指导新生适应中学生活，就能有效减轻学生的学习压力，提高学生的学习质量，使新生尽快适应中学紧张而快节奏的学习和生活。这对于学生的个性发展，对于学校的整体管理和家庭教育都会产生良好的影响。作者整合了多年从事班级管理积累的经验，从新生的班级管理技巧和策略方面提出几点建议与读者分享。

一、初中新生班级管理的特点

对一名起始年级的班主任来说，首先要认真分析学生的心理，明白他们的共同特点，了解学生成长的过程及背景，这样才能有的放矢地开展工作。那么，初中新生到底有哪些特点呢？

（一）成长背景及思想上的复杂性相当突出

初中新生来自不同的小学，不同学习环境、各异的家庭背景，造成了学生思想上的差异性。我们的学生中，有一部分是来自中科院兰州分院各研究所的职工子弟，父母亲是科学家、研究员、博导、硕导的大有人在；有一部分是周边医院及广电总局职工的孩子，父母亲也都是高级知识分子；也有一部分是片区内普通职工的孩子；还有一部分是附近批发市场进城务工人员的子女及周边商场内经商人员的孩子。学生家长有高级知识分子、普通职工、农民工、商人等。有信奉佛教的，有信奉基督教的，也有盲目崇拜偶像的追星族及拜金者。很多学生的学习目的不甚明确。受商品经济影响，许多学生也有追求实惠的意向。笔者曾连续三年对全校七年级新生的学习目的进行问卷调查，涉及学生 1500 人，其中有 60% 的学生回答自己的学习是为了以后挣大钱。这复杂的思想状况给班级管理带来了一定的难度，也向我们的班主任老师提出了一个严峻的课题。

（二）生活上的依赖性及性格上的活跃性尤为显著

现在的初中新生多数是独生子女，突出的特点是娇惯、任性、自私、懒惰，在生活上完全依赖父母，独立能力差，与人交往能力差。但在学习上，刚升入初中的新生，上进心、好奇心都很强，对初中学习生活有浓厚的兴趣和新鲜感。这部分学生占到总数的 70%。也有 30% 的学生，因为来自不同的小学，成绩参差不齐，面对初中开设的较多课程，表现出畏难情绪。在性格特征方面，好动、活跃、情绪易于波动，既不像小学生那样听话，又不像高中生那样懂事，正处在不太好管的阶段。他们对事物有自己的看法，但缺乏分辨能力，对老师的教育有一定的注意，但又不能把握和控制自己。

二、班主任对初中起始年级班级管理的方法与策略

作为班主任，应该根据学生普遍存在的特征，有针对性地做好班级管理工作，各种问题就会迎刃而解。

（一）抓常规、思想教育，促进习惯养成，树立正确的人生观。

教育就是养成好习惯，而好习惯的形成不是一朝一夕的事，需要我们抓反复、反复抓，常抓不懈。所以，学生一进校，首先要从常规教育入手，建立规则意识，促进习惯养成。学生行为习惯养成了，班级自然就稳定了。要以《中学生守则》和《中学生日常行为规范》规范学生言行。其次，班主任应跟住班，做到腿勤、嘴勤、反复抓、抓反复，及时纠正学生的错误言行和不良习惯。当然，要让学生遵守，老师首先要起到示范作用，效果会更好。再次是"抓两头带中间"。在抓行为习惯养成的过程中，"抓两头带中间"

是较为可行的方法之一。一般地说，采取定期或不定期评比的方式，评选出好坏两方面的典型，表扬好的典型，为同学们树立榜样，也使差生受到触动，从而带动中游的同学共同进步，在班级内形成一种良好的风气。同时，初中阶段正是学生的世界观、人生观形成的关键时期，这一时期的思想教育工作对于学生优良品质的形成乃至以后漫长的人生之路有着非常重要的影响。因此要开展形式多样的思想政治教育活动，广泛宣传社会主义核心价值观内容，开展向雷锋等先进人物学习，缅怀先烈诗歌朗诵，利于清明、国庆等重大节日进行爱国主义教育活动，以活动为媒介，达到教育人、鼓舞人、陶冶人的目的。

（二）抓文化，促精神，为班级管理铺路

要像经营家庭一样经营班级。家是人的情感港湾，是休养生息和寻求幸福快乐的场所。营造一个美好的家庭，每时每刻充分感受亲情的温暖、亲人的呵护是每一个人的向往。对班主任来说，能够时刻想到学生对"家"的渴求，在工作之中也能满足学生对"家"的需求，这是对人性和人情的最好诠释与尊重。班主任应及时了解新生的思想、学习、家庭等情况，主动与他们交朋友，从做好这个集体的"家长"角度出发，帮助学生尽快地适应新集体的学习生活。特别是对差生，要做耐心细致的思想教育工作，帮助他们解决思想难题；对有生活困难的同学要伸出援助之手，使之克服困难，完成学业。具体做法是：首先，第一时间与学生家长取得联系，给每一位学生家长发短信并及时建立家长群，取得家长的信任和支持是班级建设最重要的因素之一。其次，班级管理还要注意环境建设，让孩子从一开始就树立"一屋不扫何以扫天下"的理念。教室的布置应符合整洁优雅、宽敞明亮、大方的原则。室内物品要摆放整齐有序，卫生清洁。一个优秀的班集体必须有一个好的班风，班主任要通过各种途径，利用各种手段树立正确的班级舆论，促进良好班风的形成。在这种舆论氛围中，一切不利于集体和他人的违纪现象都将受到谴责，这些往往比单纯的强制手段更为有效。所以，把管理的目标放在培植蓬勃向上的班风和刻苦学习的学风上，这一目标达到了，也就完成了小学至初中的对接和过渡，从而达到建设优秀班集体，并把学生培养成为社会主义现代化建设有用人才的目的。

（三）抓阅读，养底气，为精神成长奠基。

一定要让学生养成阅读的习惯。新生入校后，班主任在抓日常管理的同时，要渗透对学生阅读习惯的养成，利用一切可以利用的时间培养学生阅读的习惯，这一点在新生班级管理中至关重要。让学生明白：通过阅读能够改变我们的一切，改变我们自己；可以在有限的生命当中欣赏无限的美景，体验精彩人生；阅读不一定使我们变得更加富有，但我们一定可以变得更加智慧；阅读不一定能延长我们生命的长度，但一定可以改变我们生命的宽度，增加我们生命的厚度。读书，是为精神打底，为人生奠基，所以要让每一位学生的成长从阅读开始。成功的做法是：除了利用好学校的阅读和课余时间外，一定要推荐相应的书目让学生在家里每天阅读半小时；在班级内建立图书角，让同学们进行图书"漂流"活动，同时定期组织好书推荐和班级"读书之星"的评选活动。这些也是保证阅读习惯养成的重要举措。

（四）抓学习，为激发新生学习积极性助力

首先，要在教学方法和学习方法上完成小学至初中的过渡。在教学方法上，教师应适当保留一些小学高年级的教法，逐步使学生的形象思维向抽象逻辑思维发展。培养学生掌握正确的学习方法，逐步减少机械记忆的含量，增大理解记忆的比重。教师在授课时，要尽量把抽象的内容讲得形象具体，并具有趣味性。

其次是开展"比学赶帮超"活动。让新生自己确定学习目标，确定目标要本着"跳高摘果"的原则。目标过低会觉得没有压力，目标过高又会失去信心。确定的目标要以"努力便可达到"为限，并不断向高处延展。要结合实际开展学习竞赛，如基础相当的互相比，同小学毕业生互相比，同桌同学比，男女生互相比赛等。互相学习，取长补短，看谁进步的幅度大。通过开展"比学赶帮超"活动，使各个层次的学生都能认真学习，既遵守了纪律，又提高了学习成绩。

（五）抓制度，养规则，为班级建设做好保障

任何班级，只有在公正、自由与平等的前提下才能创造出和谐的氛围。

班主任要能够保证班级有一套科学、合理、合法而又相对稳定的规章制度，一方面避免管理行为的武断与专制，另一方面杜绝用人的随意性和肆意性，以满足广大学生的精神安全需要。班主任要尊重每一位学生的人格尊严，要拒亲疏、拒厚薄、拒特权，保证一切事关全体学生利益的事情公开、公正而透明。建立合理的班规，使班务管理民主，评优选先公平、公证，一切事务按章去办，这是良好班风形成的保障。

总之，身为一名初中新生的班主任，时刻不可懈怠。应该给学生施以爱心，多想办法了解学生，陪伴学生成长，这是不变的教育永恒之道。学生需要自由创造的空间、合作学习的空间，才有善意的、愉快的竞争与进取；学生需要知识和道德学习的引领，需要无限丰富的精神养料，才能成长、成才、成人，这是他们精神生命的需要。作为一名初中新生的班主任，只要做好以上几点，学生中的问题总会得到解决。

初二学习方法指导

文 / 杨菊英工作室

一、学会总结

在教学中发现，很多同学不愿对所学过的知识进行归纳总结。这样，随着所学知识的不断增加，头脑里便积累了越来越多琐碎的知识点。就像同学们的书包，有的同学书包很整齐，想用什么可以迅速准确地找到，有些同学的书包非常乱，什么都往里塞，等用的时候就找不着东西了。

归纳总结，可以帮助我们把所学的知识有条理、有顺序地串联起来，可以让我们很清晰地知道自己学了哪些知识，这样在解题的时候就可以迅速调用相关知识，既可以提高解题速度，又可以避免无关的知识干扰我们的思路，做到"稳准狠"。归纳总结可以先从一堂课做起，把这堂课的内容简洁明了地做个总结，再扩大到一周、一月直至整个初中三年所学的知识。

二、注重一题多解

在初二，我们的时间相对比较充裕，所以在做题时应尽量多想几种解法，不要仅仅满足于把这道题做出来，而应想想这道题还有没有其他的解法，这样坚持一段时间，不仅可以开阔我们的思路，而且能够有效地帮助我们应对压轴题或者附加题。训练了一段时间后，应开始尝试"多题一解"，即能不能把所做过的题目分类，把解法相似的题目归纳在一起，分析解法之间有没有共同的规律，尝试着把规律提炼出来，也就是我们说的解题思路。我们知道，题目是无限的，但是解题思路和方法是有限的，掌握了有限的思路和方法，就可以应对绝大部分题目，而不需终日沉浸在题海当中无法自拔。我们经常问："怎样才叫读书？"把一本书由薄变厚再由厚变薄就是读书，而我们的"一题多解"和"多题一解"就是这样的道理。

三、学会预习

预习是一个老生常谈的问题。很多同学都说"我预习了"，但都是临上课或者上课前一天晚上，把书拿出来翻到马上要讲的部分，看看概念定理，背背公式，看看例题就结束了。这样的预习没有任何效果，甚至会影响第二天听课的质量，不如不做。预习的本质是超前，在老师没有讲到知识点之前先了解这部分的内容，帮助我们在上课时做到心中有数。真正的预习是自己试着把明天要讲的概念定义出来，把定理证明一遍，把公式推演一遍，例题做一遍，这样做的最大好处是：自己推演出来的定理、公式，轻易不会忘记，哪怕忘了也不会紧张，再推演出来就好了，这样可以帮助我们节省大量的记忆时间，比被动地从老师或者书本上得到要扎实、深刻得多。

四、建立一本错题集

这几乎是每个优秀的学生都会拥有的学习方法，事实证明，这也是最有效的学习方法之一。把在考试、作业中做错的题目（不包括因为审题不认真、计算失误等原因做错的题目）整理在一个本子上，把做错的步骤也写上，并在旁边写上正确的步骤，有时间就拿出来看看，想想是因为什么原因出的错，不断完善我们的知识体系和思考方式，对提高我们的考试成绩非常有帮助。

上述方法只是好的学习方法中的一小部分，相信每位同学都会有很多更好的方法。但是无论什么方法都有一个前提，那就是要坚持不懈地去做，只有坚持下来，方法才会有用，否则永远只是纸上谈兵。希望每位同学都能拥有属于自己的学习诀窍，在考试中取得理想的成绩。

与初三学生谈谈学习方法

文 / 马慧

提到初三，很多人都会有一种"谈虎色变"的心理反应，因为升入初三，就意味着我们很快就要决战中考。而中考作为孩子们学习生涯的第一个重要的转折点，我们究竟该以怎样的心态和方法去应对呢？

初三心理特点

初三学生心理发展迅速，开始趋向定型。观察力接近成人水平，意义识记占主导地位，思维活动已有抽象、概括的水平。学习兴趣基本稳定，学习成绩亦相对稳定。教育者要抓住一切有利的机会，促使学生的心理更加成熟，为他们将来的学习和生活做好心理素质的培养。同时，要继续对学生进行学习目的、学习态度的教育，使每个学生都有很强的升学紧迫感，并重视"补差"工作，力争使每个学生都能进入理想的高中。

初三关键词"中考"

初三最主要的任务就是中考。中考是综合能力的考察，主要考查学生知识的融会贯通能力和综合应用能力。初三既有新课的学习，又要进行系统的复习，学生经常抓不住重点，手忙脚乱，效果欠佳。学生应在老师的指导下，有计划、有重点地进行突破，不放弃、不懈怠，才能在中考中取得优异的成绩。

初三最重要的事情

1.学好化学——初三新增化学学科。在整个初中阶段，化学学科的学习内容是一册书。不管其他学科的学习状况如何，化学都是有可能学好的，并且新课程学好了，学生的自信心就提高了，对其他学科的学习都能起到积极促进的作用。反之，如果一开始不重视，等到发现问题的时候就要花双倍甚至几倍的时间去补，大大降低了复习效率，影响总体成绩。

2.紧追不舍——为了给中考复习留出更多的时间，老师会赶进度，课程讲得比较快，学生稍有懈怠就会比较吃力，很多学生出现"旧账还没补上，又欠了新账"的情况。所以一定要紧追不舍、及时复习，化解疑难问题。

3.查缺补漏——初中的课程已经学完了2/3，要有计划地针对自己的弱科和薄弱知识点进行重点突破，不要把所有问题都堆积到中考前夕。要把初一、初二各科的知识点在脑海中过一遍，把以前没有掌握的挑选出来，查漏补缺，为中考打下良好的基础。

4.压力调节——随着中考的临近，学生和家长都会或多或少有一些压力。压力不全是坏事，但是压力过大就会影响学生的正常学习、生活，也影响考试时的正常发挥。家长要多关心孩子，观察孩子的变化和心情，可以请这方面的专业人士帮助孩子。

初三考前冲刺期，要对整体的知识框架进行综合性梳理并灵活运用，同时提高应试能力，集中力量抓紧一切时间查漏补缺，扬长避短。

第三辑

学海泛舟

Happy English Happy growth

在追求梦想的道路上，不要在乎一城一池的得失，自信的人总会飞翔。一个人，只要努力，坚持不懈，成功只是时间问题。人生能有几回搏？此时不搏何时搏！出发吧，时代的弄潮儿！

英语听说能力训练心得

文 / 秦芊睿

要说到学习，我是不敢自居"学霸"的，更不敢自居学习好或成绩优异的。我只是一个以微薄之力尽力去了解世界的学徒、一个在无边的学海中苦作舟的学子罢了。幸而，因为父母曾带我去过国外，所以我的英语成绩还算突出。

说起这事，是我在小学三年级时的一次机缘巧合。父亲是中科院的科研人员，在我八岁时，曾申请到去英国公派留学的机会，母亲自然也和我一同去了，并在那里待了一年多。我的英语水平也拜此行所赐，得到了"量"的变化。有了国外的氛围，再加上父母逼着我背的英语单词的积累，我在与人交流和基本表达上没有什么问题，但语法上的问题却随着我的成长，以及学校内英语课业难度的提升而变得愈加明显，使得我不得不在进入初中后开始正视这个问题。

借用我母亲曾说过的一句话来比喻语法："英语学习中，单词就是砖头，而语法就像是黏合砖头的水泥，想要建成高楼大厦，二者缺一不可。"是的，二者的确缺一不可。有了单词，没有语法，便会前言不搭后语、语无伦次、词不达意；有了语法，没有单词，就连话都说不出来。而我在背过四五千个单词后却发现，在离开了国外英语母语的氛围后，说出的话错误很多，虽然不是说一句错一句，但是说五句大概就有一两句是错的。当时在英国，因为是与 native speaker（英语是母语的人）交流，所以就算语法有错误，他们也可以猜个大概，再加上可以使用肢体语言，所以当时也没怎么重视语法这个问题，能混就混着。但到了国内，这种行为自然就行不通了。除去语言氛围这个大背景，在中国，英语的应用范围与国外更是大大的不同，特别是由对话转为应试，让当时刚回国时的我适应了一段时间。抱歉，扯得有些远了，言归正传。

在适应了回国的生活以后，我也相对调整了学习英语的"策略"，将重心从原来的口语练习与背诵单词转到语法的学习与书籍的阅读上，尽可能多地阅读英文名著的原著和背诵单词，上课时认真听老师讲解语法知识点并完成练习，这二者自然而然地成了我学习英语的主要方式。自然，我在努力提升"读"与"写"能力的同时，也不忘保持我的"听"和"说"的能力。在后者上，我母亲也给我提供了一种很好的方式。以前，为了让口语水平不退步，我也参加过口语小班，就是类似一个老师与四五个学生进行口语互动的这种课程，但是发现效果不好，现场真人一对一的课程又太过昂贵，我母亲便把目光转向了网络授课。真是"世上无难事，只怕有心人"，她找到一个网站，上面有一对一的直播口语课程，关键是相较于现场"一对一"而言，便宜了不止一星半点，我的口语和听力也因为隔一天一次的"一对一"而保持着状态。在上初三前的暑假中，我参加了由外国语高中举办的甘肃省"用英语讲好中国故事"系列展演之"我讲中国故事"活动，有幸荣获初中组一等奖。虽然是一等奖，但我当时的发挥并不出彩，仅仅是凭借自己在国外时练成的一口流利且还算标准的英语口语发音，幸得到了一等奖的奖状。现在说来，我并不怎么自豪，或者说，我并不认为自己值得这么高的荣誉，我自惭形秽。

这便是我关于英语学习的所有见解以及经历。我不敢说对他人有多大的作用或帮助，只是希望不要误导读者。另外感谢阅读至此的您，感谢您阅读了我这夹叙夹议的、语无伦次的文章。

成功是不可复制的

文 / 焦心睿

总有人说："不要让自己的孩子输在起跑线上。"但是，还有一句人尽皆知的话是"人生是一场长跑"。大家都知道，长跑不能一开始就拼尽全力，如果人人都不想自己的孩子输在起跑线上，那么能坚持跑到最后的又有几个人？而这种打压个性的"复制型"教育方法，就像制作木偶的工厂，在压制了个性的同时也束缚了思想。

一举成名、一鸣惊人的"速成"心态，使一些人变得急功近利、心浮气躁。殊不知，进步并非一天能做到的。"一口吃不成大胖子"，成功是不可复制的，学习需要长年累月的努力，要不得一点弄虚作假。有了这种努力，滴水可穿石，铁棒可磨针，铁树可开花。

"苦心人，天不负，三千越甲可吞吴"。想要学习进步，要先制订一个目标，每一步都要脚踏实地地向着目标前进，因为今天偷的一个小懒很可能就是未来人生道路上给自己挖的一个大坑。这个目标不需要很大、很远，也许只是今天多做一篇阅读、明天解出一道难题；也许只是今天放弃一点休息时间去记单词、明天在课间认真记住新学的方程式……要坚信，付出的任何努力都不会白费，希望的花朵是辛勤的汗水浇灌出来的。

当然，学习也需要自己的方法，如果盲目地学习，只会学得不像别人，也失去了自己学习的特色。帕斯卡尔说过："人是一根能思想的芦苇。"这说明人生也需要智慧。所以说，拥有灵魂的学习才叫智慧。例如，我的想象力和联想能力比较强，周围的朋友都说我"脑洞大"。确实如此，我的"脑洞"和与众不同的思维模式使得我总有出人意料的新鲜点子冒出来。每每触发一个点，我的脑海中就会很快地牵出一根相关的链条，接着铺展开来，变成一张网……但是对于不得不死记硬背的知识，我就很难做到灵活运用，而且很容易忘记。

同样的，你可能更容易掌握条理清晰的内容，遇到杂乱的知识点就会一头雾水，那么你就需要学会梳理自己学过的知识；你可能擅于听老师讲，自己看书却效率低下，那么你一定要抓住上课有限的时间，高效地掌握知识；你可能需要一边听一边勾勾、画画、写写，纯粹的听和纯粹的看，都不会让你注意力集中……找到自己学习上的一些特性，这样才能有效、有针对性地解决问题。掌握自己的特性，是学习的关键之一。

学习方法有很多，适合自己的才是最好的。同一种记忆方法，别的人可能运用得很好，而你就不一定了。所以我们不能一味地去复制、模仿他人的学习方法，而要在学习中不断摸索，才能得到真正属于自己的成功。

挤出海绵中的时间

文 / 沈苇杭

曾经有一家权威的科研机构对美国常青藤大学的学生做过一次调查，这些被常人看作"天才"的学生，都具有一个共性，那就是极其善于利用时间，他们的时间表甚至精确到分钟。经常听到一些同学抱怨自己没有时间睡觉、娱乐、发展兴趣爱好，其实，"时间就像海绵里的水，只要愿意挤，总还是有的"。

那么，我们如何挤出海绵中的时间呢？

第一，要提高效率。

同样的一节课，有些同学能完成一两科的作业，回到家中，还有大把的时间学习。而有些同学只写了几个字，每天晚上要熬夜到一两点。这就是效率的差距。

想要提高效率，首先要上课听讲。对于大多数同学来说，课堂是学习的基础。跟随老师的思路积极思考，不懂的问题课下一定要搞懂，这样你就会发现，作业变得简单了许多，写起来也更加高效。

其次，自习时要集中注意力。一边玩手机一边学习，怎么可能很快完成任务呢？自制力不强的同学，可以把手机交给家长或放在其他房间内，为自己规定一个时间，期间除了学习什么都不做，拿出应对考试的状态来。

第二，要紧密安排时间。

假期快到了，很多同学会产生一种松懈情绪，觉得放假了就自由了，可以随便游戏。这种心态万万不可取。假期是提升自己的时间，这种提升可以是学习方面的提高，也可以是综合素质的提高，如利用假期多读书、参与社会实践等。

无论是在假期还是在学期中，对时间的紧密安排是不可少的。以小时为单位安排自己的时间，这一个小时写语文作业，下一个小时学数学。要保证足够的学习和睡眠时间，还要安排适当的娱乐，如读十几分钟散文、诗歌等（上学的日子不要读长篇小说）。

有了时间表，就要按照它执行，但即便对于我而言，也有一定的困难，所以同学们可以把时间表上的任务分为轻重缓急的不同等级，实在累的时候，可以只做最重要的事。时间表上的内容是否顺利完成不重要，重要的是你有了规划时间、坚持做一件事的习惯和信念，这样你就会发现，时间其实不算紧张，你完全可以做自己喜爱的事。

在本文的结尾，我还要与同学们共勉：认真学习，不玩手机！让我们一同寻梦。

从"零"开始 向梦前行

文 / 靳晓彤

许多人说："小学英语要是没打好基础，上了初中，学习起来就很困难。"这句话让很多刚上初中且没有英语基础的同学感到很有压力，甚至会害怕，担心自己不知道怎样去学习英语。不要担心，因为初中生"0"基础也能学好英语。

就拿我来说吧，我小学英语没有什么基础，但上了初中后，采用了一些同学的或是网上的学习方法和学习小技巧，慢慢地，我的英语成绩也在提高。只要你用心去学，努力去学，一切问题都能迎刃而解。以下是我提出关于学习英语的建议：

1.课堂。上课做到专心致志地听讲很重要，因为知识都在课堂中，老师会带着你一点一点接触新的东西，并复习学过的知识。所以课堂时间必须要集中精力，跟着老师的思路动脑子。课堂上的知识要是不明白，课下一定要问老师，千万不能丢下不管。课堂上认真听讲比课下报辅导班强得多。如果在课堂上把知识都搞明白了，课下复习一下，做一些习题，问题基本上就解决了。

2.单词。一定要重视，因为单词是学习英语最基本的东西。单词要先读会，读得准，读对了才能写对。在书写单词时要注意细节，不要把 a 写成 e 或者把两个字母写成一个字母。

3.阅读。有了词汇，做阅读时才不会一问三不知。阅读时可以把文章全部读一遍，也可以带着问题到文章中去寻找答案。多阅读能帮助你记忆更多的单词、语法和句型，还能提高你分析问题的能力。回答问题时要用笔在原文中把依据画出来，再反复地看一看，不一定要背会，但一定要眼熟。

4.听和写。听是指多听光盘或英剧、美剧中的语句。写就是写作文。看一些英剧、美剧能帮助你提高听力能力和口语能力。你还会认识到单词的用法十分多样。写英语作文是知识综合运用的体现。写作文时要有思路，先写哪个然后写哪个，如何安排开头与结尾等等。只要你思路清晰，语句没有太多错误，一般都会有不错的成绩。

以上是我的一些学习方法，希望能对同学们有帮助。

学习是漫长的，只要你肯努力，就会得到应有的收获。希望我们一起不负自己，不负时光。

路就在脚下

文 / 慕雯瑜

"十年苦读无人问，一朝成名天下知"，描绘的是古代科举制度下的情形。虽说现在是 21 世纪，一个好的学历或许不至于决定你的人生，但无疑会对你有着极大的影响。身为初中生的我们，更是要为未来打下一个坚实的基础。然而说到容易做到难，在这里，我给大家提几个我认为对学习有较大影响的方面的建议。

能否学习好的关键，在于自身是否意识到了学习的重要性，是否掌握了真正适合自己的学习方法。以下几条是我总结自身经验得出的建议：

1.初二的学习很关键。初一是个坎，初二是个坡，所以要重视初二的学习。升入初二的同学马上能感觉到知识的难度和初一不是一个级别，所以初二通常被称为"爬上坡路"。所谓"初一相差不大，初二两极分化，初三天上地下"。在初一时，你会感觉知识很简单，这是因为初一是过渡阶段，在初二，学习难度会大幅度提升，尤其在数学方面，我们需要花费更多的时间和精力，杜绝偏科。

2.要养成细致、扎实、严谨、高效的学习习惯。我们需要从小养成好的学习习惯，而这无疑需要家长的帮助和监督。家长拥有更多的人生经验，所以我们要收起内心的浮躁，认真聆听家长与老师的教诲，汲取养料，为接下来的中高考做准备。

3.针对学习兴趣，我的建议是只要不讨厌的就是有兴趣的。由于当前仍是应试教育体制，同学们切不可盲目追求素质教育，所谓"学霸"，其实就是看谁在课下对自己更狠一些。"学霸"也不是天生的，也是课下付出了常人没能付出的努力练出来的。那些看起来的毫不费力，其实是背后不为人知的坚持不懈，没有任何一个人能不付出任何代价就能享受成功的果实，成功是建立在汗水和辛劳的基础上的。

4.合理安排学习时间。人在早晨的记忆力最好，适合读英语、记单词。白天的自习课，安排给数学、物理，因为这时候的解题效率高一些。其他时间可以留给语文。多读些课外书，遇到好词好句，应该抄下来以积累素材，在写作文时会轻松很多。晚间复习，切忌打疲劳战，要放松心情，适度休息，学习效率会有很大提高。不要将自己逼得太紧，适度的休息是有益的。

5.根据课表的安排，有针对性地预习弱项科目。预习时要带着问题，哪些是清楚的，哪些是模糊的，哪些是不懂的。听课时带着目的听。课后进行归纳总结，整理老师所讲的知识框架，适当做相关练习。课下如遇到问题，除了和老师交流外，也可以多和同学们沟通，在讨论中发现他人的好思路、好方法。

6.建立错题本。这是一个老生常谈的问题。记错题要及时，发现错误要及时誊抄，还要把错误原因、老师的讲解、解题思路一并写好。很多学生只记错题，却没记答题思路，导致后期翻看时忘记当时为什么犯错，再做题时仍会犯同样的错误。错题本的作用是让同学们能自己解决问题、尝试独立思考，从而避免反复掉进同一个陷阱里，提升我们的学习能力及良好的学习习惯。

这些建议都是我根据自身经历所整理，希望各位同学们都能感受到人生三大乐趣之一——金榜题名，考上自己心仪的高中！

享受阅读之乐

文 / 何其睿

读书，是一种提升自我的艺术。"玉不琢，不成器，人不学，不知义"。读书是一种学习的过程。一本书有一个故事，一个故事叙述一段人生，一段人生折射一个世界。而阅读最大的乐趣，无非就是在"萤窗映雪"时把自己的生命与文字相对应罢了。

——题记

古来自有贤人志士以读书为乐。当下，"快乐阅读"这个词也越来越频繁地进入人们的视野。

大人自小就教孩子从书中得到"阅读的快乐"，乍听起来谁都明白，却不知道该怎么实施。他们会买许多自认为有趣的书籍，效果却可能适得其反。这是忽略了最重要的一点：先学习从阅读中找到乐趣。

比如我，自小就喜欢自然类的书籍，看遍了动物小说，那看似幼稚的文字，却能让童心未泯的我看到另一幅画卷的神奇——从干净纯洁的动物身上体味在这个纷扰的世界中，我们不曾拥有的宁静与细腻。看完动物小说后，我开始看更多关于环保和自然的书画，它们更是为我打开了一扇新世界的大门。我喜欢上了自然，也喜欢上了从阅读中体会那丝丝缕缕甘甜的快乐。这不仅积淀了我心中的诗意，也积淀了快乐与善良。从四岁开始，我便要求妈妈每周带我去书城安安静静地读一下午的书。

后来，妈妈认为我的知识面不够宽，开始"强迫"我看历史、科学方面的书籍。可那对我来说多么枯燥，我再也读不出一丝快乐，读书成了一种煎熬，于是我放弃了阅读。

两年之后，家里买了一本《文化苦旅》，搁置在书架上。我本来只是无心翻看，可是当我随便翻过几页之后，眼前却悉数闪过余秋雨细雨霏霏的江南小镇；辽阔无垠、骆驼横穿的黄沙大漠和北京城昔日繁华的古街。那时正是在学初中文言文和诗词的高峰期，平时无意识积攒下来的诗情喷薄而出，就像有人所说"阅读最大的乐趣是把自己的生命经验与文字相对应"。那是真的，就像高山流水遇知音，我欣喜不已。对我来说，那又是一个全新而纷繁的世界。继那之后，我又读了《边城》《唐诗》《宋词》《生死疲劳》。

每一本书都是一层新的艺术阶梯。它们的文字悸动我的心灵。

总有人对我说："你这么喜欢读书呀？"是啊，那是一种精神愉悦与心灵沉淀。

所以，做到"快乐阅读"，不必急功近利，先从阅读自己喜欢的书开始，至少知道阅读是快乐的。由此可知，培养阅读的兴趣，什么时候都不晚；说是日积月累，其实也可以说是在喘息之间；从爱上一本书开始，以从中汲取的快乐为养料，到生命结束为止。有人说："唯有阅读才洗涤心灵。"我们便可以明白快乐阅读很简单：读书，洗涤心灵，达到纯净，感到快乐。

不是吗？阅读是阅读，快乐是快乐，很纯粹，很简单，复杂了就不好了。

比如读读《城南旧事》，那个看着骆驼消失在梦里的女孩，教会我们童年发酵的美好；读读《苏菲的世界》，你也许看不懂，但它教会你思想；读读《记忆银行》，它会教会你爱与忘记；读读《越古老越美好》，它会告诉你中国文化蕴含在诗经中的温润与闪耀；读一读《撒哈拉的故事》，它会为你叙述一段异域风景下的风雨人生；读读《我与地坛》，它会教给你成长与坚强……

诸如此类。

阅读，越来越美好，字里行间，也许只为看一点感觉。

分享点滴　成就未来

文 / 李盛涛

　　学业是学生不可或缺的，学习能让自己更充实。在努力学习之余，兴趣也是必不可少的，通过正当的兴趣，可以抒发压力、获得释放，并且在兴趣中学习，能够得到身心的舒缓和健全。

　　书本是古人多年的人生经验和智慧积累的结晶，教导后人为人处事的道理。生在这个处处便利的社会，我们很幸运，因为我们不用跋山涉水、千辛万苦地去人生地不熟的地方谋求圣贤之道；印刷和网络的发达，使我们"秀才不出门，能知天下事"。现代社会，资讯是很重要的，所以我常吸收新知，以免跟不上时代的脚步，却也时常搞得身心俱疲、筋疲力尽，这时就需要"兴趣"来疏解压力，让身体舒缓一下。

　　"学问必须合乎自己的兴趣，方可以得益。"课业与兴趣必须兼顾才能得到利益，但是大部分人都不会混为一谈，但我相信也有人会混为一谈，因为我就是如此。我觉得课业与兴趣一定要兼顾，不然会失去读书的动力。

　　我的方式是什么呢？就是很努力地去学喜欢的科目，如语文、数学、历史。有时候我会阅读一些课外读物或写小说，或是做一些户外运动，这些兴趣都可以使我在学习之余放松自己。

　　课业与兴趣有什么不同？我想，一个是学习，一个是培养。课业是大家都有的课题，但兴趣则是每个人都有不同。课业没有兴趣，很快就会失去动力；兴趣则是你做就会有动力，不会很快就失去动力。课业与兴趣一定要兼顾才能利于学习，没有兴趣的学习就没有学习之后的记忆了。每个人对课业的看法不尽相同，我认为学习与兴趣应该是相得益彰的，就如古代中国所提倡的阴阳学说一样，阴阳不可失衡，才能够对自己有利。

　　"为学本无尽境，惟笃实沉静之士，始能入其深。"学习是无止境的，人生的课业也是一样，你只要找到自己的兴趣，并与课业结合在一起方能深入。要把每一次课业当成一种兴趣或试着在课业上培养出自己的兴趣，这样才能够不断地学习，充实自己，拥有更好的人生。

谈　静

文 / 李晓敏

　　阳光，透过窗户照在课桌上。光束中的微尘像一个个舞动的小精灵，上下翻飞。但尘埃毕竟是尘埃，终究落在了地上。这个年纪的我们也像他们一样躁动不安，生活中任何一点小插曲都足以掀起内心的汹涌波涛……

　　步入初三，我们即将迎来人生第一次大考，可偏偏在这种关键时刻，困难接踵而至。敏感又轻狂的心使得我们终日心浮气躁，惶惶不安，上课时注意力涣散，课下也在虚度光阴，一旦遇到挫折，又不知如何是好。初二时，我总想要与众不同，却总随遇而安；想要做很多未做的事，却在棘手的现实面前低了头。长时间的迷茫和浮躁带来的结果是毁灭性的，它们像心魔，制造出一种虚无的假象蒙蔽我自己，导致成绩一落千丈。

　　《大学》里说："静而后能安，安而后能虑，虑而后能得。"无论是鸭口煤矿里路遥在书桌前一坐不起，1991 年完成百万字的长篇巨著《平凡的世界》，还是就池洗砚，洗出"墨池"的书法大家王羲之，抑或"一日三省吾身"的儒家学派创始人孔子……他们无一不用实际行动来证明"静能量"的巨大。静下来的人更专注，更清醒，收获也更大。浮躁的我们需要从现在开始培养自己的静能量，以避免走向错误的方向。如果方向已经错了，停止就是进步。

　　静下来，先学会沉默。话多的人会忘记思考，会惹人生厌。课堂上最忌话多，你在用语言成全浮躁、消遣时间时，殊不知无意间流失了多少知识，等醒悟时，只怕也是亡羊补牢，为时已晚。一节课就这样白白浪费了，至于说过的话也都抛在了脑后，此之谓虚度光阴。人们常说："沉默是金，雄辩是银。"当你学会闭嘴后，不安的心也会慢慢沉下去。

静下来，不要胡思乱想。我们都有一颗娇嫩、敏感的心，像豌豆公主能感觉到二十层床垫下面的豌豆，如果用它去长时间空想，不免会庸人自扰，一些鸡毛蒜皮的小事都成了人生大事，别人的一颦一笑都去细细解读其中的含义，这样的事占用了太多时间，到头来不过是竹篮打水一场空。不如少想一点，用有限的时间去做有意义的事，"静"的境界也会一下子提高！

在我们的日常学习中，静下来，学习效率会大大提高；生活中，静下来，也是一种难得的享受。当你烦躁时，学会沉默，心无旁骛，无形中积累的静能量会像夏日的一缕清风，春天的一场细雨，时时滋润你于无声！

学习那点事儿

文 / 刘稼洁

　　时光如梭，白驹过隙。转眼间，初中三年已经接近尾声。回望这三年，经历了大大小小的历练，我逐渐总结出了一些在学习生活中的方法和经验，和大家分享。

　　保持良好的心态，是获得优异成绩的第一步。日常生活中，我们常能听到这样一些例子：某某学生因被家长斥责离家出走、某某学生因期末考试考砸跳楼自杀……发生这些悲剧的原因，归根结底是他们没有良好的心态。仕途艰难，李白却有着"天生我材必有用，千金散尽还复来"的乐观态度；左迁边地，刘禹锡却有着"沉舟侧畔千帆过，病树前头万木春"的豁达胸襟；身处险境，文天祥却有着"人生自古谁无死，留取丹心照汗青"的报国热忱。由此可见，心态对于人生是何等重要。学习亦然。获得巨大飞跃时，平稳的心态可以让你戒骄戒躁，继续进步；发挥失常成绩下滑时，乐观的心态可以助你平缓渡过低谷期，再接再厉，一鸣惊人。马斯洛曾经说过："心态若改变，态度跟着改变。"不管在什么境遇之下都能始终保持一颗平常心，不心浮气躁，不沮丧气馁，这就是成功的真谛。

　　现今，很多家长以耽误孩子的学习时间为由，压制了孩子兴趣爱好的发展。在我看来，适当发展兴趣爱好，不仅不会影响学业，反而能起到促进学习的作用。我从五岁开始学钢琴，到现在已将近十年了。初学之时，一个个小蝌蚪般的音符，一块块难辨分明的琴键，都让我头疼不已。经过日复一日的刻苦努力，繁复杂乱的琴谱逐渐变得清晰明了，此前生硬刺耳的旋律也逐渐悦耳动听了。寒来暑往，钢琴与我的缘分越来越深厚，它俨然成了我的一位无声的朋友。喜悦时，演奏一曲，感受琴键欢快的律动；忧郁时，如水的旋律在指尖缓缓流淌，所有的不愉快也渐渐随琴声烟消云散。它是我情绪的宣泄口，是我解压的好方式。同时，钢琴在潜移默化地影响、改变着我，它教会我在小有成绩时不骄不躁，在失意落寞时不轻言放弃。它教会我去欣赏美、感受美，用温柔谦和的性格去热爱生活。总而言之，钢琴于我而言已不仅仅是一项兴趣爱好，它教会了我太多太多。所以，培养一种兴趣爱好，它会为你的学习锦上添花。

"路漫漫其修远兮，吾将上下而求索。"学习的过程中，我们要不断总结，也要坚持探索。少年远行，逐梦将来！

在坚持和努力中收获喜悦

文 / 韩俊松

众所周知，学习是一件枯燥、乏味和困难的事。即使是对于学习很好的同学来说，它也不是一件轻松的事。那么在我们日常的学习生活中，如何才能行之有效地学到知识又不感到困乏呢？

我国古代著名的军事家、政治家诸葛亮曾在《诫子书》中对他的儿子说："非学无以广才，非志无以成学。"我国唐代诗人杜甫也曾说过"宝剑锋从磨砺出，梅花香自苦寒来"。可见学习从古至今都是一件非常重要的事。想要做好这件事，恰当的方法是必不可少的。

首先，上课认真听讲是学习的基础，有了这个前提，即使在有些方面尚未找到适合自己的方法或是方法有欠缺，都可以通过自己的努力去弥补。若是没有这个前提的话，做再多的努力都不会有显著的成效。为什么这么说呢？举个例子吧，如果一节课上，有90%的内容你已经完全掌握，所以这节课你干了其他的事情，并没有认真地听老师讲课。后果看起来并不严重——只有10%的内容你没有学懂，而你也不会去请教同学或老师来学懂这10%的知识。其一是你认为自己已经掌握了绝大多数的知识点，所以对于剩下的部分并不在意；其二是因为你根本不知道剩下的10%讲了什么。而事实上，谁也不能保证考试的时候只考到了你掌握的内容。这样一个学期下来，你也许就会退步得超乎任何人的想象，到时候岂不是追悔莫及！综上所述，上课听讲是学习知识的最主要途径。

其次，仅仅是上课听讲，远远达不到对知识的熟练运用和完全掌握。要想完全掌握知识，反复的练习是必不可少的。"熟能生巧"这个词不是没有道理的，这一点在数学学习上体现得淋漓尽致。最近我们学习了二次函数、三角函数等较难的知识点，如果问是否全班都听懂了，我想答案是肯定的；但如果问同学们是不是完全掌握了的话，点头的人就寥寥无几了。这就体现出了反复练习的重要性。国际普遍认同，一个知识点最少重复6遍才能基本掌握，要想运用得炉火纯青，还要更多的练习。老师布置的作业都是有章可循的，不是随心所欲的，所以认真完成老师布置的作业就显得尤为重要。完成了老师布置的作业之余，对于自己还没有掌握的知识，要及时请教老师或同学，自己也要多加练习。

学习是一件不简单的事，不仅体现在其本身的困难，还体现在它所带来的一系列的问题。比如说学习与玩乐的取舍；考试失利时的伤心……这些问题可以说无时无刻不困扰着我们，那么我们应该怎样做，学习才不那么紧张和艰难呢？我认为，心态肯定是最为重要的了，良好的心态可以帮助我们渡过很多难关。当考试失利的时候，不要灰心丧气，虽然这次的失利带来了烦恼，但它也反映了我们这一段时期在学习方面的薄弱，为我们的进步提供了非常有利的条件。我们这时候应该做的就是总结教训、学习经验，争取在下一次的考试中避开这些失误，这样一点一滴积累起来，难道不是很大的进步吗？

最后，学习中的放松也是必不可少的。一张再好的弓，弦一直紧绷着，是不是更容易损坏呢？学习也是同样的道理，过于紧张会适得其反，成绩反而不理想。与其这样，倒不如我们放松一些，有张有弛，这样会使我们的学习事半功倍。当然，放松是要在基本的学习任务都完成了的情况下进行的。

"书山有路勤为径，学海无涯苦作舟。"希望同学们都能找到自己的学习方法！

永远不要低估自己的潜能

文 / 何书豪

　　"欢迎来到王者荣耀。"这样的声音是否经常回荡在你的耳畔？你是否时常沉迷于游戏？那赛车轰鸣的引擎声，激烈的枪战画面，抑或是一座座自己建起来的高楼大厦，是否会让你魂牵梦绕？同时你是否又因为考试的失利，内心感觉到无限的愧疚？然而过了一段时间，又开始偷偷玩上游戏了？实不相瞒，我一直都有这样的困扰。但好多人又发现我有不错的学习成绩，于是感到不可思议。如何对待被视为"洪水猛兽"的游戏和看似艰难的求学之路，正是我要分享的。

　　想要学习好，最重要的是如何学习，也就是学习的方法。其实，课堂的四十分钟是尤为重要的，学习的好坏大多取决于上课时的听讲效率。但是，如何长久地记住这些知识就要靠复习和预习。说实话，我也常常看相关的文章，但是事实总是残酷的，我直到今日也无法完成网上那些所谓的学习方法。事实上，每个人不一定要拘泥于一种特定的学习方式，通过不断地实践，去尝试寻找最适合自己的才是关键。比如，我的英语学得不错，我认为语言的学习主要在于积累和语法的理解透彻程度，因此，我用一款APP——"百词斩"积累单词，它异于单词书的一些特点是：通过图片、拼写、视频、读音等多方面刺激，背单词更高效。可能有人会问："我在使用手机的时候无法做到自控，怎么办？"我将在后文说到自己总结的方法。另外，关于语法的学习，我认为只要是自己能理解的、能记住的就是最好的方法，不一定要抠生涩难懂的语法书死记硬背。学习数学，我用的是"模块法"。其实，所有的难题都是由许多简单的题目组合而成，只要我们把简单的题目烂熟于心，就不会怕所谓的"难题"。我们要学会总结"难题"中的简单题，也就是把一大块东西分成许多我们熟悉的"模块"，再去记忆它。这就是我学习数学的方法。总而言之，我认为没有绝对成立的"好方法"。我只是给大家一个参考，找到最适合自己的，才是至关重要的。

游戏，不知被多少人视为洪水猛兽，不知害多少人沉迷其中无法自拔。我曾经也有过这样的经历，偷偷拿手机独自玩，假期的时候一天玩六七个小时游戏。开学后，我开始想着去改变。我试了许多方法，可大多都没有成效。后来，我看到一本书上说，控制人们兴奋的成分是一种叫作"多巴胺"的激素，是大脑遭受多重刺激后产生的。例如你很喜欢某款游戏，那么可以去试试关掉游戏的音效再去玩，这时，你的大脑就会少一个刺激源，多巴胺就会被控制在一个范围内。而且研究表明，人们的自制力是可以锻炼的，就如同肌肉一般，我们可以从一点小事做起。比方说，我挑战每天用左手刷牙，当完成这些小的挑战后，所获得的成就感会使大脑分泌多巴胺，而当我学会从别的地方获取多巴胺时，游戏的吸引力就没有这么大了。尤其是我接触了长跑以后，这样的感受最明显。运动所带来的快感是持久的，是游戏所无法比拟的。所以，我还是建议大家通过锻炼来抑制自己玩游戏。说了这么多方法，其实没有人能做到完全自控，时至今日，我依然玩着游戏。如何找到游戏与学习之间的度，还是得靠我们自己把握。

"长风破浪会有时，直挂云帆济沧海。"希望同学们能不惧挑战，勇于尝试，争取在学习上取得大的进步。

英语之恋

文 / 陆颖婧

　　如今，英语已经成为国际标准语言。由于中国正迈向国际，英语在今天的生活中也变得越发重要和实用。但是有越来越多的学生觉得学习英语很困难，因为他们对这门语言有陌生感，还有来自母语的干扰因素，学习英语就会变得难上加难。

　　由于个性不同，经历和背景各异，每个人学习时都有不同的方法。在我看来，学习英语最好的方法无非就是兴趣、毅力和复习的习惯。

　　兴趣是最好的老师。无论做任何事，兴趣都是最好的催化剂。如果有兴趣，人就会更容易做好一件事。我学习英语最初是出于兴趣，然后便从兴趣逐渐变成了喜爱，这也为今后学习英语奠定了基础。如果你在学习英语上有些困难，不妨先试着培养对英语的兴趣，也许会让你有不同的收获。

　　拥有强大的毅力。做任何事都不可半途而废。面对困难，选择放弃的人最后只会徒劳无功。反之，坚持不懈的人，总有一天能够掌握它。记得在初二上半学期，英语班每周发口语作业的要求停止以后，我的口语水平便开始下降，在课堂上回答问题也开始结结巴巴。母亲察觉后说我学的是"哑巴英语"，便开始每天晚上严格地训练我的口语能力。一开始我只会抱怨为什么母亲对我如此严格，哪怕训练的时间间隔了一天，她都会大发雷霆，我也不得不就范。但到后来，我发现朗读已经成为我每天必不可少的一部分，我非但不讨厌它，反而更喜欢将好的文章流利地读下来，心中也自然而然地生成了一种成就感，自信心也得到了提升。说起来，在这个过程中，我也有无数次因为睡魔偌大的魔爪在头顶环绕而想要放弃。但是明日复明日，明日何其多，一想到这里，我便立即抖擞精神，有力地拿起眼前的书，开始朗读。朗读这个好习惯，我一直坚持到了现在，因此我的阅读能力和语感与日俱增，对英语学习有了极大的帮助。这一切除了归功于母亲的严厉，最主要的便是锲而不舍的恒心和毅力。

温故而知新，可以为师矣。对于这句话的意思，我们一定不陌生。抛开后半句话不说，温习学过的知识，就可以得到新的见解，这一点我深有体会。每一次，当我将一篇文章读到第二遍，就会得到与第一遍不同的感受，再读一遍时，好像对每一个词都有了更准确的理解。以前我和英语班班长一起下课回家，在车上，他会从包里拿出一个小本子，津津有味地看，我便凑上去，原来他在复习笔记。我想，这就是为什么他能成为英语班长的原因吧。后来，我开始效仿他的方法，每当在车上的时候都会翻开笔记本看一看，果然有了成效。所以，复习的习惯也是学习英语的法门之一。

总之，学习英语没有速成法，要靠努力，靠毅力，还有定期复习的好习惯。如果你认识到这些并试着掌握它，学习英语对于你来说一定并非难事。

备战中考的日子

文 / 张洺华

时光如梭，步入科中已经 3 年了。我经历了从刚入学时的不适应到完全融入；从不善学、不会学到善于学、愿意学；从学习成绩一般到成绩相对稳定的过程。期间，有失落，有困惑，有喜悦，也有收获。在即将结束初中阶段的学习、奔赴中考的时候，我有很多体会，让我感受最深的，就是在学习中要用好"三心"。

一是要把"细心"贯穿学习全过程。老子曾说："天下难事，必做于易；天下大事，必做于细。"初一年级的时候，我刚刚完成从小学到初中阶段的转换，面对新的环境、新的师生、新的课程和新的要求，很长一段时间都难以适应。加之自己个性较强，标准要求不够严格等多种因素，在学习中，时常存在"差不多""可能是"等一些只求过得去、不求过得硬的思想，学习中粗心马虎、粗枝大叶的情况时有发生。初一阶段的几次考试，成绩都很不理想，甚至一度在全班"垫底"，影响了班级的整体成绩，也严重挫伤了自尊心。在老师、父母的教育引导和同学们的帮助下，我认真总结，用心领悟，分析"失利"的原因，查找问题症结，发现粗心是影响成绩的重要因素，从那时起，我就特别把"细心"贯穿到了学习全过程，无论是课堂练习、家庭作业还是测验考试，我都能够仔细作答，反复检查，认真完成，避免粗心问题的发生。"欲要看究竟，处处细留心"，我还注重向其他同学学习，观察大家的好方法，吸收借鉴，共同提高。

二是要让"用心"成为学习的基本遵循。"天下事有难易乎，为之，则难者亦易矣；不为，则易者亦难矣。"初中阶段课业繁重，刚步入初中时，我也很不适应，这种不适应来自多个方面，其中一个就是用心不够，难以跟上教学进度和节奏，实现与老师授课的"同频共振"。听课时，精力不够集中，思想开小差；写作业时，写一会、玩一会、歇一会，精力不聚焦、不集中、不投入，往往事倍而功半，学习质量得不到保障，致使考试成绩不理想。初二年级以后，我逐渐意识到了自己的不足，也认识到了用心、专注在提高学习质量、提升学习成绩等方面的重要性，做到集中精力，心无旁骛，不为外界各种因素干扰，有意识地自我锻炼、自我塑造。我深知，初中学习进度快、课程设置多，如果知识难点和遇到的问题不能及时解决，将会越积越多，为今后的学习留下障碍。为此，在课堂上，我努力做到精力集中，认真听讲，尽量消化；遇到疑难问题，虚心请教；课余时间，自觉把更多的精力放在尽快高质量地完成家庭作业上来。实事求是地讲，作为身处信息时代的中学生，我每天回到家，第一时间也总是难以抑制兴奋，沉浸在手机游戏中，但是我能够严格约束自己，设定游戏时间。另外，作为初中生，我觉得除了学校所学，还要注重多渠道了解政治、社会、文化等各方面的知识，不断丰富自己，完善知识结构，为此，我比较关心国家的内政外交、大政方针，对一些社会热点问题进行思考，以此培养观察、分析问题的能力，注重在书香中陶冶情操，提升素质，充实自我。

三是要以"恒心"成为前行的不竭动力。"骐骥一跃，不能十步；驽马十驾，功在不舍。"这句话告诉我们，做学问、学知识，贵在持之以恒，成在持之以恒，也难在持之以恒。一个人在不同阶段会有不同的奋斗目标，想要实现这个目标，唯有持之以恒。初中阶段的学习生活就要结束了，回想当初刚入学时，心态浮躁、任性放松，对学习的重要性没有清晰的认知，人生的理想和奋斗目标也没有谋划和勾勒。随着学习的深入和年龄的增长，我清醒地认识到，一个人若没有理想目标，犹如航船失去方向，唯有树立远大的人生目标，才能懂得自己为什么出发。牛顿说："一个人做事如果没有恒心，是任何事也做不成功的。"为此，在每个阶段、每门课程、每次考试，我都为自己定下目标，自我加压，并为之努力。一个一个的小目标汇聚起来就是人生的大理想。这个过程寂寞清苦，需要勤奋努力，更需要毅力恒心。多少次夜深人静挑灯夜读，当我想轻松一下的时候，当我想应付一下的时候，当我想敷衍一下的时候，心中总是自责，于是知不足而求索。

现在距离中考已不足半年时间，当下的我们正处于"船到中流浪更急，人到半山坡更陡"的阶段，更需要恒心和毅力。我期望与老师和同学一道，共同努力，携手前行，因为理想都是奋斗出来的。

小丑鸭的蜕变

文 / 夏梓瑄

我先来讲个故事吧！是我心中的那个故事。

从前有这样一个女孩，她对未来充满憧憬。那是一个残酷的世界，人们都在勤劳地做着自己应该做的事情，每个人都在努力向上，渴望着未来能有好的生活。而她却不同，虽然家庭不是很富裕，但每天都想过自由自在的日子。然而现实却不允许她这样做。现实很残酷地告诉她：只有你努力，才能获得想要的自由与幸福。所以她不得不努力，争取着自己想要的生活，最终取得了成功，获得了自己想要的自由与幸福。

在同学们的想象中，那位姑娘在获得幸福的路途中一定走得十分困难。在同学们的想象中，"学霸"也是每时每刻都在集中精力努力学习的。他们废寝忘食，在深夜里依然能保持清醒。但是如果他们每天都熬夜学习，持续一段时间后，白天的学习效果就会减弱，那还会是"学霸"吗？所以，成功并没有我们想象中的那么难，只不过需要多付出几分努力罢了。

刚上初中的时候，我对自己成绩漠不关心，甚至不知道在分班考试的时候自己成绩如何。即使考砸了，也从未想过自己是否该做出改变。直到后来，我身边的两位朋友改变了我。她们一个总是在考试后反思自己的不足，而另一个每天在回家的路上拿着书边走边背。刚开始，我不以为然，但时间久了，我也渐渐明白了学习的重要性。之后，我开始模仿她们的学习方法，课间拿着书本进行知识点的记忆，晚上回家后也总是尽快认真完成老师布置的作业，再复习今天的笔记。上课时我认真听讲，一走神就提醒自己集中注意力，并在课下将遗漏的知识补齐。日复一日的努力后，我收获了成功，并一次又一次地取得了进步奖，我没想到自己真的可以做到。就好像是我走到一条河边，却无法通过它，是朋友们帮助我搭了一座桥，使我能够顺利地走过这条河。

　　能坚持下来，连我自己都不敢相信。但我所能肯定的是：信心在背后给我撑腰呢！这样说来，成功的第一步就是对自己有信心。

天道酬勤

文 / 谈紫怡

　　求知欲促使我们从落地的一刹那就开始学习一切，学习如何哭，如何笑，如何了解这个世界，学习如何学习。

　　其实从数年前的学生时代拉开帷幕的时候，我就开始"摸爬滚打"，并逐渐得出一套可以让自己少摔跤的"路数"。

　　我们的大脑对信息的处理能力是远远超出想象的，尤其是对文字之类的复杂信息的处理。所以对于我们来说，阅读是一件能够获益匪浅的事。我所说的阅读，其实并不需要对书籍涉触过深（就像要对一个问题刨根问底那样）——毕竟我不可能将每本书的内容倒背如流。更何况升入初中以来，能与书为伴的日子真可用"与日俱减"来形容，不可能事无巨细。那么这时，精简阅读就显得极为重要。

　　何为"精简"？去掉不必要的，留下最重要的。而一本书中的精华又是什么？是它的中心思想。如果是自己喜爱的类型的书目，或是自己想要了解的图书，则大可不必精简，不妨从课本的"山峰"中偶尔抬起头，抽出些许时间，把自己高度集中的精神散射在书中。你可以注重内容，可万莫忘记，用自己最高的阅读水平去"心临其境"地体会它所传达出的意义，然后在一章的末尾，用你认为重要或是优美的词句写一段阅读笔记，不需要过长，能够表达出自己的意思即可。

　　不能一味地寻找自己喜欢的书去看，而是要广泛搜集。如果是你不想看却不得不看的书，那么内容就不太重要了，这时"精简阅读"就可以派上用场。你可以在简略的阅读中，大略揣摩、分析其修辞、写作手法或是用词等等，有助于总结出中心思想。在前一半的内容中寻找全书线索，在后一半的内容中总结归纳（可以是好词好句，也可以是每章的重点），这样不仅阅读与写作水平会有显著提升，长此以往，阅读效率也会显著提升，学习中遇到的许多譬如阅读、写作等较困难或复杂的问题就可以迎刃而解。

心态与期待亦为进入初中三年之前遇到的重要问题。每个人在接触现在的班集体前，总是对自己的学校生活充满各种幻想，而这些幻想多半是自己的同学如何，老师怎样。先入为主的观念往往会让实际情况看起来不尽如人意。那么如何调节某种期待也就成了让许多同学发愁的一个问题。

我也经历过这种巨大的反差。比如我曾幻想整个班都充满着浓厚的学习氛围，有着良好的学习环境；老师是宽容、和蔼可亲的，能和学生们打成一片等等。但幻想与现实有着无法跨越的鸿沟。即使如此，我还是可以毫不谦虚地说，这道坎，我是靠着自己强大的精神力量和极好的心态轻松跨过的。我的适应能力非常强，抑或是因为我想通了某些事：譬如未来三年，和我朝夕相处的除了父母（甚至父母与我在一起的时间都没有同学、老师与我相伴的时间长），余下的就是语笑癫阗与琅琅书声的校园。所以你要调整心态去面对，学着对梦想中的东西做一些修改。

对于外向的同学来说，融入一个新环境是较为容易的，因为他们很能接受并适应周围人事环境的变动。性格使然，内向的学生想要适应，似乎就不那么容易了。

想要适应新的环境，交朋友毫无疑问是第一选择。虽然交际圈的变动会使你有些被动——主要体现为要去适应新伙伴的性格等方面。对于小学时过于闪耀的学生来说，要小心翼翼地敛起自己的光芒，尽量用平易近人的性格和最阳光的一面与别人交流，事实上，每个人都该如此。自卑或是内向的学生则应该努力向大家展现你的过人之处。身边的同学有时远比你想象中的还要与"钟子期"相像，他们会尝试接纳你成为欢声笑语中的一员，这时就需要你展现出勇气与他们并肩而行。说实话，"广结善缘"，足够使你融入其中。

要学会在无休止的学习中适当放松自己。这个放松毋庸置疑是有度的，比如在每周的休息日空出半天或者几个小时，去蔚蓝的苍穹下和你的朋友漫步，解决或畅谈这一周你们在各方面遇到的大小事务。大笑也是有助于放松的，你们应该在有着暖阳的绿茵场上谈笑风生。放松心态，然后在下周或未来笑面困难。

学会调和，调和自己的期望与现实，调和自己的心态。这是为了百分百地调动大脑，投入"学习"这场攻坚战中，不去分心应付这些小困难。

以上这些不过是初中三年中我比较"器重"的几个小方法。归纳下来，不外乎在日常繁杂的生活中加入些许调味料——书籍，顺便提升一下自己的阅读、写作方面的水平，其次是用自己最优秀的心态直面一切。

天道酬勤。盛年不重来，一日难再晨。及时当勉励，岁月不待人。

追梦路上 与读相伴

文 / 姚卓然

上天厚待我，让我降生在一个热爱读书的家庭。受到父母潜移默化的影响，我也渐渐爱上了读书，随便捧起一本书就能读得津津有味，是个名副其实的"小书虫"。热爱读书本是我引以为傲的优点之一，却未曾想，它有一天会成为我学习路上的"绊脚石"。

我常常在学习的时候翻看课外书，然后便一发不可收拾。这个习惯导致我总是无法按时完成作业，也无法复习当天所学的内容。父母与老师一次次地就此事批评我，教导我应该先完成自己的主要任务，再去阅读课外书。我却不以为然。大家不都说"开卷有益"吗？读书又有什么错呢？于是依然我行我素。可是，不久后我便尝到了苦头：不仅学习成绩有所下滑，我也常常因为完成作业不及时而导致睡眠不够，第二天的听课质量也无法保证，形成了一个恶性循环。我开始思考自己的学习方法是否真的出了差错。我发现父母与老师说的话的确很有道理，我们是学生，读课外书固然重要，但我们目前的主要任务仍然是学习。只有完成了主要任务，我们才有权利去做自己想做的事。慢慢地，我有了一些改变。

我开始集中精力努力学习，不去翻开这些充满诱惑的书。由奢入俭难。尽管在自我改变的过程中充满艰辛，但那渐渐提高的成绩也给了我信心和成就感。在这个过程中，我深感学习时心无旁骛的重要性。

不在学习时阅读，并不意味着我的阅读量有所缩减。自从我改变了自己的学习习惯，也同时把自己的阅读时间挪到了每天晚上临睡前的十几分钟和每天的空闲时间。相比之下，这种方式显然更有效。如今我上了初三，阅读也慢慢演变成一种别样的休息，既可以放松身心，同时也可以丰富我的知识储备，何乐而不为呢？

开卷有益。的确，阅读的好处也慢慢地从我的语文成绩中显现出来。虽然初一与初二时并不明显，但这毕竟是一个量变到质变的过程，当你的知识积累到一个程度时，成绩自然也不会差。不仅如此，我还拥有许多课外知识，当我回答老师一些课外知识时，周围同学眼中流露出来的艳羡的神色也给了我极大的满足感……

兴趣与学习其实并不冲突，而是相辅相成的关系。将兴趣与学习相结合，在玩中学，你会拥有别样的收获！

自律者得时间，得时间者得天下

文 / 张嫣泑

"时间的步伐有三种：未来姗姗来迟，现在像箭一样飞逝，过往永远静立不动。"

对于我来说，这句话可以很完美地诠释我的时间观。自从进入初中，我明显感觉到时间不再那样充裕：课间休息的时间少之又少，还没有从上一节课中回过神来稍事休息，上课铃又响起了；课堂时间更是越来越紧张，老师的授课速度明显加快，课堂笔记还未完全做完就已经进入下一个内容的学习；放学回家后，容不得自己吃点、喝点，立刻又投身作业之中，完成每天对课程的总结。要我说，上学就像在打游击战，那么效率到底有多高呢？

我们每天都在与时间赛跑，但是当你驻足反思时，会惊讶地发现，原来我们的效率极低。那么大把的时间到底花在哪里了？事实上，不是我们忙里偷闲，而是我们缺少"自律"这一种能力。

当一个有自律能力的人和一个不具自律能力的人同时做一件事时，具有自律能力的人一定能将这件事做得又快又好，而不具自律能力的人虽说也做成了这件事，但是花费了多于他人几倍的时间，或是只完成了他人作品质量的几分之一。在日本，具有自律能力的大有人在，所以便笺纸在那里非常受欢迎——他们会把每日计划逐个记录在便签上，放在自己触手可及的地方，每完成一项就做个标记，没做完计划的事情就不去想其他事。这样一来就可以时刻督促自己，做事效率也会大大提高。虽说这是一种极其机械、无趣的方法，却也是保持自律的一种好方法。在我们的日常学习、生活中，减少自己分心的时间，减少毫无意义的发呆时间，减少不属于自己计划之内的时间，时刻自律，时刻警醒自己，在有目标并且不断趋近目标的过程中，哪怕是时间也会为你的飞跃而让步。

有一个人的名字可能并不为大家所熟知，但是当给他冠上头衔时，所有人都会恍然大悟。他的名字叫柳传志，是联想集团的创始人。他的"自律"在财经界享有盛名。柳传志在时间利用方面的表现让人惊叹，他本人在二十多年无数次的大小会议中，迟到的次数不超过三次。有一次，他到中国人民大学去演讲，为了不迟到，他特意早到半个多小时在会场外等待。在这半个小时中，他不仅处理了多项业务，并且阅读了几篇关于财经方面的文章，甚至还匀出五分钟去准备演讲。时间被他利用到了极致。如果说时间是海绵里的水，只有不断去挤才可以获得更多，那么柳传志已经将海绵挤干了。

自律的人说时间是自由的。而时间，抓起了是黄金，虚度了就是流水。自律者得时间，而拥有时间的人，等于拥有了全世界。

兴趣、听讲、阅读和思考

文 / 王聪源

很多同学都有过抱怨："英语怎么学？为什么这么难？有没有什么便捷的方法？"是的，有方法，那就是坚持、阅读、复习、听课以及自我扩展。

事实上，在刚开始学英语时，我对这门学科一窍不通，成绩当然很差。像大多数家长一样，我的家长也为我报了英语班。在那之后，我的英语水平在不知不觉中提高了不少。可什么都不是一帆风顺的，到了五年级，我遇到了瓶颈，那段时间里，我好像根本听不懂老师在讲什么。不仅是我，很多同学都有这种感觉，他们中的一些人因此放弃。但是妈妈告诉我，一定要坚持。这坚持下来的六年是多么重要，正因为如此，我才能有今天较好的英语水平。前几天碰见了当初放弃学习英语的同学，他说自己十分后悔，可为时已晚。"坚持就是胜利"这句话，永远都不会过时。

关于阅读，我先讲一个发生在我身边的故事。妈妈的同事有个女儿，和我的关系非常不错，假期里，我们经常一起写作业。有一次，她在看书，当我走过去时，我惊呆了，你无法想象一个六年级的孩子正在看研究生的英语论文这件事让我有多惊讶。她仅仅比我大十个月，却有比我强十倍不止的能力。最终，她考进了师大附中，她告诉我："无论是谁，想学好英语，基础都是大量的阅读。"这一点我自己也深有体会。课余时间，我会有时一字不动，按老师的建议，把阅读题读一读，理解它的意思，读一些高于自己年龄段的文章，久而久之，你就会觉得做题很轻松了。这里也建议同学们可以听听光盘、英语广播等，灌灌耳音，提升语感。

如果有人问我学英语最重要的是什么，那就是听讲和复习。想学好任何一门功课，最重要的就是认真听讲，英语也不例外。在我看来，学英语的过

143

程中，从听讲中汲取的知识要占到百分之七十，无论你在课下有多么努力，上课一点不听是根本没用的。只有上课认真听，并理解知识，你才能熟练地运用它。课余的复习也不可或缺，毕竟英语不是我们的母语，所以很多知识点刚学没几天就会忘记，只有多复习、多运用才能让它成为自己的东西。一个知识点要经过六七遍的巩固才能让你真正理解并知道如何应运。

最后一点，自我学习是学好英语的钥匙。这一点与学习数学很是相似。数学里，只有做各种类型的题，你才能有进步，而英语呢，自己积累词句会让你有更广阔的天地。不仅是老师上课讲解、补充的词句，你也要在阅读中学会新的词句，随时记录到笔记本上，在空闲时间多读读。词汇量的扩充对英语学习会有很大的帮助。

总的来说，想学好英语就要努力。我相信，只要你有信心并愿意去做好以上四点，掌握好的方法，一定会有巨大的进步。

第四辑

心灵驿站

Happy English Happy growth

摒弃自卑，找到自信；走出迷惘，准确定位；鄙视退缩，坚定前行；主动反思，不断进步；迎接困难，直面挑战；青春不设上限，勇气成就梦想！

我为什么是女孩

老师：

　　您好！

　　我是一名初一女生。可是由于爸妈都喜欢男孩子，于是在童年时就把我当作男孩打扮。小学老师见我胆大，委任我为体育委员。上初中后，我更喜欢穿男孩衣服，和男生踢球、疯跑、打闹，根本不愿意和女生接近。这样，同学们开始议论我。而让我更加痛苦和苦恼的是，有些男生不仅疏远我，还奚落我。我想和女生接近，但从心底有种排斥感，这更让我陷入深深的矛盾和痛苦中。我该怎么办呢？

一个无奈的小女孩

小女孩：

　　你好！

　　看着你娟秀的笔迹，猜想你一定是一个聪明、可爱、活泼的女孩。从你的来信中，我了解到你的苦恼和痛苦。你现在正努力去正视自己是个女孩，这已是解决问题的关键一步。现在让我们共同克服这一困难。

　　首先，作为一个女孩子，到了青春期，如果找不到女孩子的感觉，而是羡慕男孩，喜欢男孩的着装，甚至想变成一个男孩子，这在心理上称之为"性别认同倒错"。因为无论男孩还是女孩，在成长过程中都需要认同自己的性别，悦纳自己的性别。

　　其次，在你成长的过程中，父母对你的角色期望在无形中扭曲地影响了你对性别的认同和个性的发展。再有，你的童年玩伴是清一色的男孩，这也是你男孩化的原因之一。童年时的行为方式是通过模仿习得的，你经常和什么样的人在一起，就会以什么样的人为榜样。在这样的一种暗示中学习、生活，就使得你在不知不觉中产生了错误的性别认同。

明白造成你性别倒错的原因，我们就可以从以下几方面做起：

第一，认识自己的性别冲突。

进入少年期，男孩女孩的身体发育逐渐趋于成熟，把自己看作男孩的女孩也会发现自己身体的变化，清楚地认识到自己是个女孩，这实际上也是你现在苦恼的真正原因。

审视自己的性别冲突也许是件痛苦的事，但这是事实，谁也无法改变。有了合理的认知才有利于发生积极的改变。

第二，认同、悦纳自己。

可以尝试写出 15 条做女孩的好处，如果写不出来，就请好朋友或家人提醒、帮助，你会从中看到自己身上女孩的特点，进而增强作为女孩的自豪感和自信心。写好后要经常翻看，不断体会。还可以和家人、老师、朋友一起探讨："我身上哪些地方不像女孩子？"寻找出不足，以便进一步改正。另外，一定要穿典型的有女孩子特点的衣服，与身边的男孩做对比，认识男女两性在外貌和心理上的差异，进而认清事实，形成正确的角色认同。

第三，模仿练习。

阅读一些女性名人的传记，了解她们成为伟人的经历和素质，体会作为女性的优势，并有意识地学习和模仿名人的处世方式和行为特点。

从事 1~2 项具有典型女性特点的活动，在活动中边做边学边体会，寻找自己正确的性别感觉。

在同龄的女生中找一位大家公认的较完美的女生，暗中模仿她的言行举止，体会她的行为与自己的不同之处，以便认识自己，找到改变自己的方向。

真诚地期望你早日摆脱苦恼，并期待你能真正为自己的女儿身感到骄傲和自豪。

你的大朋友

忽然而来的孤独

老师：

　　您好！

　　我是一名刚上初中的学生，学习基本上还不错。记得上小学时还能与同学们一起玩，可上了初中后，好像以前的那种天真都消失了，喜欢一个人独处，但又很羡慕其他同学们在一起时的那种无忧无虑的说说笑笑。可如果同学们拉我或约我去玩，我又都拒绝了。后来大家觉得我这个人很古怪，谁也不敢与我接近了，我感到很孤独，经常一个人躲在房间里或教室里。老师您说我该怎么办？

　　　　　　　　　　　　　　　　　　　　　　　一个孤独的学生

同学：

　　你好！

　　你谈的这种情况，在你们这个年龄阶段是比较常见的。

　　第一，在你们这个年龄阶段，人的自我意识迅猛发展，开始审视自己的内心世界，向往能理解和同情自己的人，不轻易向他人敞开自己的心扉。

　　第二，这个阶段，你意识到自己具有与众不同的特点，产生了渴望与人交往、想要了解别人内心世界并被其他同龄人接受的需要。如果这种需要得不到满足，感到"自我"无法找到理想的依附之处，便会感到空虚，产生孤独感。

　　第三，你觉得自己心中有许多不愿轻易告人的秘密，有一种闭锁心理，但又渴望别人能够真正了解自己，能与自己沟通思想、交流感情。在难觅这样的"知己"时，便会陷入惆怅和苦恼之中，觉得自己与世界存在着一层隔膜。

另外，你刚进入初中，对中学的学习、生活不适应，自感有一种精神压力，但又不肯随便向别人诉说心中的焦虑，因而变得寡言少语，闷闷不乐，不愿主动与同学交往，导致同学们不愿、不敢接近你。反过来，同学们的态度又会加深你的孤独感。

我建议你可以这样做：

第一，主动参加学校、班级集体组织的各项活动（体育、文娱或公益性活动），但要注意，在活动中要多注重活动的过程，少注重活动的结果；多体验活动中的快乐和益处，少去感伤活动中的不足与缺憾。

第二，主动结交一些品行好、性格较外向的同学为友。在交往中克服胆怯心理，要勇敢流露自己的真实情感，相信你的以诚相待会赢得同学们的信任与友谊的。

第三，乐于帮助他人，不求回报，体验助人的快乐。

愿你早日走出孤独，让大家看到快乐的你。

爱你的老师

郁闷的"快乐星"

老师：

您好！

我是一名初中学生。记得上小学时，各方面都经常受到老师、同学及周围人们的夸奖，尤其是学习上，每次考试都是班里前三名。所以，我每天都特别乐意上学，总是笑嘻嘻的。我对学校的一切活动都很感兴趣，大家都愿意与我相处，他们给我起了一个雅号——快乐星。但自从上了初中后，以往的这种感觉再也没有了。开学后的第一次语文考试，我的成绩很不理想，当时我真如五雷轰顶。从此，我每天满腔愁苦，神情沮丧，总打不起精神，觉得同学都在嘲笑自己，老师也对我无兴趣、无信心。老师，我很想回到从前，心里很苦，请您告诉我这是怎么回事？我该怎么做？

一名痛苦的学生

同学：

你好！

我很理解你的这种沉重的心情，愿意尽我的力量去帮助你。我认为造成你心情郁闷的原因是：

一、中学阶段，你没有受过什么挫折，一直在赞扬声中成长的你，耐受挫折的能力降低了，一旦遇到挫折就满脸愁容，神情沮丧。

二、进入初中后，换了一个新环境，尤其是小学老师和初中老师的教学方法有所不同，因而学生的学习方法也要做相应的改变，不能凡事依赖老师安排，应加强自己的自觉能力和独立性的培养。

三、过分在意考试的结果，担心考不好，所以考试时心情太紧张，而越紧张，考试成绩越不理想，多次下来，就容易产生自卑感。所以你觉得老师、同学对你都不像小学时一样，你的情绪也不像从前了。

我建议你：

正确认识挫折。社会不仅给人们提供平等竞争的机会，同时也会给人们带来遭遇挫折的可能。每个人都会遇到各种各样的挫折。著名科学家、大西洋海底第一条电缆的设计者威廉·汤姆逊教授曾说过："有两个字最能代表我50岁在科学进步上的奋斗，这就是——失败。"挫折确实会给人带来不愉快，带来失望、痛苦、压力，可挫折也会让人变得聪明、成熟。所谓"吃一堑，长一智"，就是这个道理。

对自我意识中不合理的成分作自我质辩。所谓自我质辩，就是询问自己的这种担心有必要吗？班里确实有比我更强的同学，但也有不如我的同学，因此担心其他同学都比自己强是无根据的。考试固然意味着同他人的竞争，但更重要的是，通过考试检查自己掌握知识的情况，以便根据存在的问题加以改进。这种担忧有危害吗？岂止是害，危害还不轻呢！这种担忧会使我们把精力白白浪费在毫无价值的猜测上；这种担忧会助长自己的自卑情绪，使自己丧失了应有的信心和勇气；这种担忧对一个人的思想起着禁锢的作用。而抓住中心、排除杂念，立足于自我潜能的发挥，善于吸取其他同学成功的经验，这才是应有的积极态度。

在老师和家长的帮助下，找到适合自己的科学的学习方法。比如要做到课前预习、上课认真做笔记、课后及时复习，增加课外阅读等。

最后送你一句话："心存疑虑，就会失败。充满自信，必定成功。"望你尽早成为真正的"快乐星"。

关注你健康成长的老师

学会控制自己

——与爱玩的同学谈学习

老师：

您好！

小学时，我的成绩一直不错，可上中学后学习成绩就一直不稳定，比如期中考试是前 10 名，期末考试却成了第 35 名。每次放学，我也想静下心来好好复习，可是不一会儿心就特别烦躁了，总想去玩。可是去玩时，又总想着自己还有许多东西没背、没记。就这样，玩也玩不好，学也学不进去，学习总是缺乏持久性和坚毅性，请您帮帮我，让我改掉这个坏毛病。

一个焦虑的学生

同学：

你好！

谢谢你对老师的信任。其实你的问题比较普遍。从你的来信中可以看得出，你的智力、天赋都不错，只要有决心，方法对，一定会赶上来的。你的成绩不稳定，变差了，这其中既有客观原因，也有主观原因。客观上，中学课程比小学要复杂得多，所以不能用小学的学习方法来进行中学的学习。主观上，你对新环境不熟悉，还不适应中学的各种生活、学习，尤其是缺乏主观上的努力和勤奋。喜欢玩，这可以说是每个青少年的天性，但是如何安排玩的时间，如何玩得更有乐趣，如何使玩成为学习之余的调节剂，这可就值得认真考虑了。我建议你从这几个方面入手改变自己：

一、学会控制时间。也就是养成专时专用的习惯，在学习的时候要专心致志、集中注意力，玩的时候要尽情地玩，偏废其中任何一个，都会影响另一个，所以要给学习和玩规定时间，但要以学习为主。

二、带着问题学习。你应该针对中学课程的特点，注意预习，可以把预习中不懂的内容用"？"标出来，或用小纸条写出来夹在课本里。另外注意过去的知识与新知识的挂钩，找出它们之间的相同点。

三、学会控制和选择，也就是说对学习、玩的内容和对象进行有重点地选择。尤其是玩，一要对其做出正确的认识、判断。二要注意意志力的培养，特别是对一些不健康的"玩"要学会坚决说"不"。

相信你在以后的日子里，会好好地把握自己，变得越来越优秀。

一个喜欢你的老师

上课走神儿怎么办

老师：

您好！

我是一名初中年级的学生，期中考试考得很差，原因是上课经常走神儿。最近几个月，我在上课时注意力总是集中不起来，我很苦恼，总想快点改掉，能否帮帮我？

一名求助的学生

同学：

你好！

你在来信中反映的上课走神儿的问题，在中学生中带有普遍性。走神儿，在心理学上称之为"注意力不集中"。什么叫注意力？心理学家认为：注意力是心理活动对一定事物的指向和集中。如何使自己的注意力集中于学习呢？

首先，要增强上课的目的性。一是上课前在心中默默地下决心：我一定要将这节课的内容当堂消化掉。有没有这样的心理准备，上课时的精神状态和学习效果大不一样。实验证明，有这种心理准备的学生，几乎可以消化当堂内容的80%~100%，没有这种心理准备的学生只能消化当堂内容的40%左右。二是带着问题听课。你在哪门课上"走神儿"，就专门预习哪门课。经预习后，你就可以带着问题有目的地组织自己的智力活动。比如，有的问题在预习中没搞懂，就应该加倍注意；有的问题书上没有，而是老师补充的，要认真听，然后简要地记在本子上。这样有目的地听课就不容易"走神"。

其次，戒除不良习惯，净化学习环境。有的同学上课时精力不集中，往往和上课做小动作有关。比如手里玩钢笔或小玩具，在纸上涂涂画画……这些动作往往干扰了大脑对课堂学习内容的注意。由于注意力分散，听完课以后就印象不深。这些不良的学习习惯，分散了学习的注意力。戒除不良习惯的方法是要通过净化学习环境的方式来实现对自我的控制。爱玩东西的同学，上课时把手放在膝盖上或背到背后去，把桌上可能分散注意力的报纸、杂志等与学习无关的东西统统收起来，从而净化学习时干扰注意力的环境。

此外，你还要保证充足的睡眠时间，每天要睡足 8 个小时（包括午睡）。

这位同学，我相信你只要肯下决心，是可以克服上课走神儿这种不良习惯的。

一位愿意帮助你的老师

还是住在家里好

——写给"享受"溺爱而痛苦的孩子

老师：

您好！

我是一名初中生。从小到大，父母对我无微不至，上下学有车接送；吃饭时，饭已盛在碗里；家务活更不让我动手，一门心思让我学习，连未来都给我安排好了。可我觉得这种关心、照顾，让我连气都喘不过来，就像爬山，他们把我直接吊到山顶上，那还有什么劲！我真想搬出去住，离他们远一点。老师，我心里很烦，请您帮帮我。

一个郁闷的学生

同学：

你好！

让我们来共同分析一下为什么你会有这种离家出去住的想法。

就你的情况而言，一方面是来自人性本身。从某种意义上讲，孩子从一出生，就在寻找制约家长的种种方式。0—1岁的孩子用自己的嘴，如哭叫或是不好好吃奶等表达不满；1—3岁的孩子通过排便，用乱拉、不拉的方式来表示自己的不满意。3岁以后，他们可以采取的方式就很多了。13—18岁的孩子最让家长头疼的事是：厌学、离家出走、早恋等。此时的逆反心理，是他们成长过程中的本能要求。他们会觉得：越是家长害怕的事，一定越有意思——在孩子的潜意识里，让家长着急会让他们有一种快感。

另一方面，一个人物质上的要求是有限的，而精神上的欲望却是无限的。谁都渴望自己的想法、做法被周围人认可，但是你父母的这种做法，使你无法实现自己的想法，证明自己的能力，从而烦躁、懊恼。同时，你父母的这种过度保护和代替包办，也会使你无法形成自己的价值观、世界观，缺乏自己解决问题的能力，对自己、对家庭、对社会没有责任感。同学，你渴望亲自体验一些事情的想法是正确的，但你选择离家出走这种做法却是一种极端方式，是一种逃避，它并不能解决问题。

再者，你的父母和你是两代人，你们两代人生长的环境、个体发展的过程以及在社会上所扮演的角色不同，因此在一些观念、想法、愿望、做事的方式上就很可能会发生冲突。对此给你提出如下建议：

敞开心扉，把自己的想法、观点和感受主动与父母进行交流。交流时，你一定要考虑到父母亲成长的背景、愿望、做事的方式，站在他们的立场上去想问题。通过信件、参加家庭活动等合适的方式让父母明白，孩子不仅要学习知识，还要学习做一个负责任的人，一个独立的人。让父母明白，家长对孩子负责，并不是一味地为孩子付出，而孩子什么都不需要为别人做。如果家长只是一味地没有原则地对孩子好，只会使孩子丧失培养责任感和自理能力的机会。心理学家认为，小孩从 5 岁开始学做力所能及的家务，并且要做每天必须做的事情，可以培养孩子的自信心、动手能力、解决问题的能力和责任心。你现在感觉怎么样？祝好！

爱你的老师

优秀偏爱多洒汗水的人

——写给不想学习的学生

老师：

　　您好！

　　我是一名初中的学生，请您帮我解决一个困难。平时，我只想看电视、看小说，只想去玩。而一说学习我就犯了难，懒得浑身无力。马老师，您说，像我这样怎样才能学好？

一个不想学习的学生

同学：

　　你好！

　　看看电视和小说不算什么坏事，玩也是少年的生活之一。

人为什么叫高级动物？就在于人不仅仅会消费，而且会创造。年少时读书就是为日后有所创造做准备。世上没有什么治懒的妙法，治懒的最好方法是生活。

为了让你对学习更有信心，马老师给你一个秘方——你可以给自己定一个一个的小目标。目标小了容易实现，你也就容易产生学习的热情。另外，从现在开始把"懒"字抛到九霄云外，给自己换一个说法——我是一个能够坚持做事的学生，是一个勤奋的学生。每天这样想、这样说，慢慢地你就会发现自己变了，变得越来越能坚持做事。

在学习的道路上没有什么捷径可走。任何好的学习方法和好的学习成绩都有一个特殊的脾气——它们总是偏爱多洒汗水的人。

你的朋友马老师

你正在走向成熟

——写给有"牛犊恋情结"的孩子

老师：

您好！

我是一名初中学生。父母是生意人，每天起早贪黑忙挣钱，很少与我交流。在学校，我也不太喜欢和别人交往。同学们说我高傲，其实我很孤独，很寂寞。去年寒假开学，我们的语文老师因病休假，由一名实习生来任教。他很帅，待人又很亲切，尤其是一双漂亮的大眼睛，仿佛能把别人的心思看穿。因为是语文课代表，我和老师接触的机会多，并且经常和他谈有关文学、诗词方面的东西，他的博学健谈以及言语中的那份关爱深深地吸引着我。再后来，我上课走神，胡思乱想，成绩下滑。老师见我的成绩不如从前，就多次找我谈话，但每次我都只能以沉默回答老师那日渐失望的眼神……我知道我的这份情感不会有什么结果，可是为什么我不能做自己心灵的主人？为什么我无力驱逐内心的那片黑暗？

一位渴望得到帮助的学生

同学：

你好！

看了你的来信，我也陷入了沉思，因为有许多像你这样的花季女孩因"恋师"而产生深深的罪责感。这也反映了一个问题：在我国，关于青春期的心理教育非常贫乏。现在让我们来共同克服这一困难。困扰你的原因有：

你生活在一个物质生活富裕但精神生活贫乏的家庭中，父母只是在物质方面满足了你，却忽略了你的情感需求。同时由于性格的原因，在家庭之外，你又缺少必要的社会交往，不被人注意和接纳。因此，在缺乏爱的氛围中成长的你，心灵处于一种干渴状态，对来自外界的关爱很敏感。所以，当老师关心并和你友善且平等地交谈时，就激起了你内心对爱的渴盼。出于一种补偿心理，你不可抑制地"爱"上了给予你关心的老师。

人的性意识产生后，在发展的过程中会经历对异性的疏远期、迷恋年长异性、成熟的恋爱期。青春期的到来，使得大部分青少年告别对异性的疏远期，开始欣赏和关注异性，尤其对年轻、稳重、有才识、有气质的异性产生类似恋爱的迷恋心里，甚至是一种很强的依恋。心理学上把青少年迷恋年长异性的心理称为"牛犊恋情结"，这种情结在女孩身上表现得尤为明显。因此，女孩子在性别意识的影响下，对年长异性的依恋会更多一些。你正处于向往年长异性的年龄段，所以当注意到语文老师的各种优点后，就很容易产生爱慕之心。

如上分析，你的那份情感是完全正常的、自然的心理活动，但由于你对人的性心理发育缺乏必要的了解，所以产生了一种罪责感，并因此改变了自我评价，甚至影响到学习。所以你应该：

首先弄明白自己并不是一个坏女孩。人人都渴望得到他人的关爱，都需要心灵的抚慰，你的那些想法是正常的，而非堕落、鄙陋。对老师或其他异性产生朦胧的情感是你这个年龄段女孩的正常心理反应，是每个女孩子都有的心理活动，这标志着你的性意识正按着正常的轨道发展，你会逐渐走向成熟。当你意识到自己的观念错误后，那种罪责感就会减轻并逐渐消失，从而调整心态，对自己产生正确的认识和评价。

另外，在日常学习生活中，你要有意识地扩大社会交往的范围，增加社会交往的次数，多感受来自同龄人的关爱和友情，从而把注意力从语文老师身上转移开，客观地看待他人，包括自己的老师。

愿意帮助你的大朋友

毕业留言和班主任寄语选录

初一时，我怀着我的梦想踏入了科中的校园。在风雨中行走，虽然行程艰难，但是感到很快乐。现在的我成了一名毕业生，为着自己的梦想做着最好的斗争。有时在书堆中抬起头，看看窗外的天空，想起不用多久就要与母校、同学和老师分别，内心不禁升起一种惆怅之情。回想起这三年与同学、老师之间发生的风风雨雨，那些记忆深处的事不断浮现在我眼前，使我心中像打翻了五味瓶一样，各种滋味都有，无法用言语来表达。我们曾经因为缘分而被分在了一个班，成了同学，成了师生关系，这种缘分让我们融为一体，成了不可分割的整体。如今，我可以留在母校的时间不多了，我无法用更多的语言去表达我内心的情感，只能说一句话——母校！我的母校！无论我身在何处，身处何时，我都不会忘记您！我永远爱您！

学　生

岁月的列车载我们走过了三年的时间，我们失去的是岁月，迎来的还是岁月。此刻，或许你依依不舍，难忘这份师恩。老师也会时常想起你的贪玩、调皮。老师想叮咛你两句。

请记住：业精于勤，荒于嬉；行成于思，毁于随。

读书造就未来；知识改变命运；态度决定一切！

班主任

荏苒岁月，现在的我们即将分别。在这三年当中，我们相识了敬爱的老师、相伴的同学。在这段时光当中，我们一起奋斗，一起在这方书桌上洒过汗水。

曾经的我们，无比稚嫩；现在的我们，已经长大。我们不再是那个天真无忧的孩童，我们是有理想、有梦想的少年。我们知晓为了自己更美好的明天而奋斗，而拼搏。

在此分别之际，纵使有再多的不舍也无以尽。终究，我们变成蒲公英妈妈的孩子，散落在四面八方。因为缘，我们同窗三年；也因为缘，我们就此别过。此时的分离，是为了更好的明天，更美的朝阳。

朋友，请记得初一的我们一起参加过"五月红"，初二的我们一同办板报，初三的我们将青春与共。因为我们相信付出就会有回报，我们也会收获硕果累累的明天。让我们约好，十年之后再见。愿友谊天长地久，师生情亘古不变。

学　生

> 三年来你为班里做了很多事情，辛苦了！
>
> 时光如梭，白驹过隙。不知不觉间，你在科中完成了三年的初中学习。时间是单程路，我们买不到返程票。但有些面孔不会随时间的消磨而模糊。老师会记得你。
>
> 班主任

相聚犹在昨天，分别即在眼前。回首逝去的日子，数不清校园里留下了多少欢乐，而今心头不免涌起屡屡怅惘。但人的一生必然要走过许多"驿站"，每一个"驿站"既意味着结束，更是一段新征程的开始。

我想对同学说："同学，谢谢你，陪伴我度过了三年充满喜怒哀乐、洋溢着活力与奔放的青春年华。我相信，多年后，当我们长大时，再回首这段日子，它必定是人生中难以忘怀的金色回忆。"最后，想对你们说："十五岁，萌生希望的年华，希望将带着你们一起飞翔，飞翔在那无际的蓝天。"

我想对朋友说："朋友，谢谢你，三年来给予我的鼓励与帮助，我们的友谊，我会铭记在心。朝霞中，我们携手进校；夕阳中，我们并肩回家；课堂上，有我们互助的身影；操场上，有我们欢快的足迹；比赛时，一个眼神，我们心领神会；实验室，一个手势，我们珠联璧合。朋友，生命中有你的那一页，总是藏着我最深的祝福，也希望我的祝福是你生命中最难忘的一页。"

学 生

> 三年春夏秋冬，我们共同吟唱至今。你过于文静、腼腆。有时候你要大胆展现自己。作为你的老师，我看到了你的每一次进步。"五月红"第一次登台演出就是一次很好的自我展现啊！老师祝你永远快乐，健康成长！
>
> 班主任

夏夜微醺，月盈晴空，离人恨重。初中阶段是我从幼稚走向成熟的关键时期，科中的老师们教会了我怎么学习，也教会了我做人，让我受益匪浅。我并不确定以后的路会走到哪里，但我从科中学到的东西，一定能让我走得更高。顿号、问号、句号，回首往事留下多少惊叹号；名词、动词、连词，放眼未来谱写几许形容词。"海阔凭鱼跃，天高任鸟飞"，我们即将毕业。但毕业不是结束，而是欢呼的开始；毕业不是庆祝完成，而是宣布进步。就让我们青春的生命之舟在新的岁月港湾启航，直挂云帆，乘风破浪。

在三年里，我学到了很多。老师们，三年来，你们陪在我们的身边，是你们见证我们的成长，我真心地感谢你们，我真心地对你们说："老师们，谢谢你们，你们辛苦了！"

十六岁是一个具有纪念意义的年龄，意味着青春、活力，最重要的是未来。

愿母校的明天更加美好！

学 生

向左走，向右走。这本是一部电影的名字，而我把它联想到了生命的话题。

人生就像一段旅程，有起点，当然也有终点。置身其中，我们如何迈开自己的脚步？目标的远近高低、追求的决心大小、为之付出势力的多寡，决定了人生的长度、高度和质量。朋友，你同意吗？

班主任

想起我们有过苦读的深夜，有过激烈的争辩，有过尽兴的狂欢，也有过酣睡的课堂。我们紧靠肩头，紧握双手，拥有一个共同的理想，发出一个共同的心声。无论得到的，还是失去的，一切都将留在我记忆最深处。

离开是为了下一次更好的重逢，离开是给彼此一个重新开始的理由。三个希冀的春天，我们播种了三次；三个金色的秋天，我们收获了三遍；我们曾受了三个火夏的磨砺和三个严冬的考验，请勿忘记这有滋有味、有声有色的时光。

世界的尽头氤氲成模糊的水汽，隐隐听到钟表运行的声音，仿佛一瞬间，又仿佛是永恒。

学　　生

Harvest from your wisdom and knowledge, accept the challenges of tomorrow with your wise and courage. May you go forward with indomitable will and gain what you want!　Good Luck!

班主任

初中三年，雨季不再来，那校园中的一草一木都已深深地烙印在了心底，那些学习中的酸甜苦辣，忠贞不渝的友情以及老师对我们的教诲，此刻都变成了终生受用的点点滴滴。

学　　生

Your beautiful dancing impressed me a lot.Wish you a more beautiful life.^-^

班主任

轻轻的我走了，正如我轻轻的来，不带走一片云彩……初中三年，犹如一汪清水，平平淡淡，只是偶尔荡起一阵阵涟漪。我们在平静中走过，留下美好的印象，带走所学的知识，珍藏美好的回忆。回想过去，把握今天，展望未来。不要说祝福，不要说再见，最好是沉默——把梦留给夜，把泪留给海，把希望留给未来。

学　生

The life ahead is a vast blue sea with golden beaches.Wish you draw a wonderful picture by using your ideal (dream) on it. May you have a colorful and happy life!

班主任

一眨眼，三年就这么过去了，仔细想想，初三真的很幸福！虽然每天有那么多的作业，压得人喘不过气的试卷……但是，我们收到的比这些还多得多，譬如，逐渐成熟的心智，理性的思维以及其他，那些是我们这辈子最宝贵的财富！

学　生

Thanks for your help these years! Life is like a box of chocolate.And you give me a most sweet one. Hope you can be always happy on the way to happiness!

班主任

秋风清，秋月明，落叶聚还散，寒鸦栖复惊。相思相见知何日，此时此刻难为情。

长相思兮长相忆，短相思兮无穷极，早知如此绊人心，何如当初莫相识。

学　生

Time flies! But your kindness and friendliness will perch in my heart forever!

Beautiful flower you have drawn! Wish you a more beautiful life!

班主任

时光荏苒，那年花开的美丽，盛开在飘雨的夏季。我们怀揣着梦想、悸动来到了同一片蓝天下，相遇、相识、相伴，学习生活了三年，人生中最美的三年。我的朋友们，谢谢你们给予我成长的力量，你们伴随着我的成长，花开花落，一曲又一曲地轮回，到头来只不过是弹指间的微风滑过心头。但你们为我留下的记忆却使永恒的。感谢你们在我最需要丰富人生时惊鸿一现，真的很感谢你们。还有教过我的老师们，你们为我留下的将会是我一生的财富。

学　生

Admire your beautiful friendship! Hope it can last forever. Wish you a happy future.

班主任

冬去春来，芳香的是校园里的花草，夏日的阳光虽然炎热，却没法照射在我们的脸上，那是树木当伞。秋来复始，这是收获的季节。谢谢，我三年来的同学与朋友，是你们和我并肩奋斗，用无尽的努力驱散通往理想道路上的迷雾；是你们让我的道路上永远充满着芳香。谢谢，我三年来的老师们，是你们化作一盏明灯，一点一点地引领着我前行；是你们带着我打开前方的一道道枷锁，助我抵达成功的彼岸。谢谢，三年来伴着我成长的母校，是您那不朽的灵魂熏陶着我，用不息的精神激励着我，让我在悠久历史中的一颗明星里茁壮成长。

学　生

> Thanks for everyday that we spent together with so many cute classmates! Wish you a bright future!
>
> 班主任

初三的生活很累很累，很苦很苦，苦得让人难以下咽，累得让人想要逃跑。但在做完那厚厚的练习册，背完那成篇成篇的课文后，才会发现，心中的那种满足感是无法用语言来形容的。幸福原来就是如此简单。不论在何时开始，重要的是开始后就不要停止；不论在何时结束，重要的是结束后就不要后悔。坚持下来，结果不会辜负你。不管结果怎样，至少我们努力过、奋斗过，这是人生当中必经的一步，只要经历了，就不要后悔。努力不一定会成功，但不努力一定会失败。再长的路，一步步也能走完；再短的路，不迈开双脚也无法到达。只有真正地付出有效的行动，一点一滴地积累，总有一天会滴水穿石。在通向荣誉的路上，并不铺满鲜花，关键是要我们自己去奋斗。

学　生

> Growing up is a procedure of experiencing happiness and sorrow at the same time.Glad to see your persistence. Best wishes!
>
> 班主任

春天的花开秋天的风，以及冬天的落阳……回首间，已度过三年。即便我们不愿分离，但依旧被时间推到了人生的十字路口。三年之中，有过欢笑，有过泪水，有过拼搏的汗水……也许我们不再相见，也许还有机会再相聚，然而，光阴还有故事，我们脚下的征途才刚刚开始。

学　生

You have the most enviable age, the roads ahead you are colorful and exciting. May you grow up more quickly to get you bright future!

班主任

初中的三年时间真的过得很快，似曾昨天和你相识

我的老师、同学、教室和绿茵操场，明天又要去一个新的地方

继续背起沉重且又充满希望的书包在书海中畅游

三年的时间学到了什么？遗落了哪些？我要去想，去找

想到了，找到了我一定会成功！

学　生

Step forward, don't tie the fortune to the fantasy during the youth. Wish you a promising future!

班主任

时光飞逝，漫长而又短暂的三年眨眼间过去了。不知道毕业后是不是依旧在一起。可能各奔东西，可能一切如故……但在毕业钟声响起之前，我还是要对你说：祝你在初中，成绩能名列前茅；生活像彩虹一样五彩缤纷；朋友像繁星一样多不可数；心情像阳光一样灿烂无比，在蔚蓝的天空中自由飞翔。以后我们要常联系，让我们的友谊天长地久。请再谱一支青春曲，伴随你我在明天的征途中继续奋进！岁月的车轮即将驶出青春的校园，甚至来不及去想一想，我们就要走向生活的前方。这样匆匆，说些什么？——让我们的心间加固童年时架设起来的桥梁。

学　生

We human beings grow up step by step.During the courses,We edure different sorrows,enjoy various happiness.Hope you can find your value earlier and achieve your dreams earlier.May you a promising future!

班主任

我们在学校结下了深厚的友谊，虽然只有一年的时间，我也有了许多朋友。我们的友谊比水晶还要透明，互相谦让，从不打架。要毕业了，我希望你像天上的星星一样，在这个世界展开翅膀，自由飞翔。我的朋友们，我们要暂时分别了。"珍重珍重"的话，我也不再说了。在这欲去未去的夜色里，努力铸造几颗小晨星，虽然没有多少光明，但也能使那早行的人高兴。如果我能，我愿将心底的一切都揉进今日的分别。但是我不能啊！那么，就让我们以沉默分手吧！要知道，这是一座火山的沉默，它胜过一切话别！请再谱一支青春曲，伴随你我在明天的征途中继续奋进！

学　生

Your hard work and your courage for the better will sure to bring you more. Be confident to make full use of them,you'll stand on the top of the mountain in your life! Wish you a great success on the running waves of time after continuous pursuit! Good Luck!

班主任

风吹过，离歌已奏响；缘何在，相遇终无望；席散尽，天地同荒凉；酒饮罢，时空也悲伤。茫茫的十三亿人海，我们在这里相遇。谢谢你们陪我走过的三年时光，让我学会了成长；谢谢你们陪我一起年少轻狂，让我的青春有了存在的意义；谢谢你们陪我一起挥洒汗水，让我懂得了一步一个脚印——去追寻梦想的光芒！

学　生

"Tomorrow"is a beautiful world full of miracles.Truly hope that your tomorrow will be more beautiful and will be attrative forever.Best wishes!

班主任

亲爱的同窗，3 年不短，美好的初中生活已经让我难以忘怀。跟你结下了友谊，希望我们能一起去面对今后的生活，哪怕我们不在一个学校，希望你能在今后的生活中习惯，在习惯中成长，在成长中坚强，在坚强中再来想想我们。

学　生

Your ideal and belief raise the sail;the forward of the rudder delimit a self-improvement paddle-ship of ambition—ship of dream!Wish you can find your happiness on this ship!

班主任

怀着一颗感恩的心，向各位尊敬的老师说声谢谢！感谢你们，扶我走过了人生中非常重要的一段路程！在未来的人生路上，你们的教导会时常在我耳畔响起，鼓励我不断进步，继续进步，争取更大的进步！真诚感谢我所有的同学们，我们一起，在同一个教室，度过了三年人生中最美丽的青春年华。感谢我的父母，三年来，你们对我的培养。我的任性、我的脾气，你们都给予了最大的包容。

学　生

I know you'll have the world before you just because of your hard work and great friendship.Wish you happy forever.

班主任

年轻的朋友，让我们带着一颗坚强的心，怀揣一种必胜的信念，以一种拼搏的精神去寻找一条路径——那就是属于你自己的路！

学　生

We didn't communicate much. But your confidence and diligence really impressed me，which I'm sure will bring you a moremeaningful life! Wish you an earlier success!

班主任

"长相思兮长相忆，短相思兮无穷极。早知如此绊心，何如当初不相逢？"我们知道，三年的师生情，全凝聚在这首词中。

学　生

May you grow into a tree.Spit a mountain of faint scent in spring; Sprinkle like a shade in summer；be a tree with sweet fruits in autumn and dream a great dream in winter! Best wishes!

班主任

天空是那么高，一万两千米处也有鸟儿振翅飞翔。大海是那么宽，无边无尽可以将时间淹没。旅程是那么远，征途看不到终点。伙伴是那么重要，抱成团一起大哭大笑。梦想是那么耀眼，即使身处黑暗也能将未来照亮！

学　生

Play the string with the voice of struggle on an ambitious piano，you can get the most beautiful music.Good luck!

班主任

人生中有几个三年，谁也说不清楚，因为谁也无法预测人生长短。既然这样，那何不让我们向雷锋说的那样，在有限的生命里，去做无限的事呢？天高任鸟飞，海阔凭鱼跃，高中的生活，我来了。

学　生

> Your beautiful smile and sometimes the confidence given off tell the people around you that you really love your life. Best wishes and goodluck!

班主任

一晃，三年过去了，这是一生中一段不平常的路，有笑，有哭，有欢乐，有悲伤，有不愿表露的压力和艰辛……三年里，留恋的是亲爱的老师，留恋的是亲爱的同学，留恋的是亲爱的充满欢乐的日子……

日子，你是简单的两个字，但你又是那么的不简单！

无论好与坏，你每天都毫无怨言地陪伴着我们每一个人。三年的初中生活，在你的世界里记录了我们每个人的苦与乐。失去的是你，但你让我得到了很多，知识、师生情义、同学关系、处世为人等等，都是你给我的。现在，你即将要带走我身边的一切，你也一去不复返了，我觉得很留恋，心情很不好……

我曾经的老师，曾经的同学，曾经的校园生活，即将离别，但我会永远想你们、爱你们的。日子，你给我的恩赐是无尽的思念。每当失去的时候才觉得一切都很可贵，觉得舍不得，感谢你给我的磨炼，感谢你给我美好的感觉。

我即将离开这三年的初中生活，开始挑战高中生活，我会永远记住初中三年里的每一个日子，记住这段日子的好与坏，悲与欢。我要带着你给我留下的美好走进高中生活，去好好发展自己，报答我的老师、我的父母。

亲爱的老师，再见了，祝你在以后的日子里工作顺利，教育出无数优秀的人才；亲爱的同学，再见了，祝你们在以后的日子里，好好学习，好好做人，相信你们以后都是个顶个的强。

永远怀念你们！

学　生

Still remember that shy guy two years ago.Wish you a promising future！

班主任

还记得三年前的我们吗？

带着好奇，带着对初中生活的向往，陌生的我们走到了一起。毕业对我们来说是遥远的，遥远的只在脑间偶尔一闪，想不清她的真实面目。

然而，今天，三年的初中生活即将结束。三年来，我们有过欢喜，有过悲伤，收获了友谊，收获了知识。在即将离开科中的今天，我们充满着对未来的向往，也对三年来朝夕相处的老师、同学满怀眷恋与不舍。

愿过去的美好永留心间，未来的日子更加精彩！

学　生

你是一个可爱而乖巧的女孩，三年中，你的确比别人付出了更多的汗水，我也相信你一定可以收获属于自己的那片理想的田野。愿你在高中的学习生涯中，获得高超的本领、顽强的意志、博大的胸怀，像赛马一样越过一道又一道高栏，让生命扬帆前进，驶向碧波滔滔的人生之海！

班主任

我以为最艰难的不过是决然穿越初三岁月中的那凄风苦雨，可当我一路走来却发现，原来最艰难、最害怕的事，却是回首当初。当我在夜里睁开眼，往事一幕幕如浮云般掠过，然后氤氲着散开。当我看见昔日故事中的那熟悉的事物，那曾给过我温暖的手，那些牵挂我的和我牵挂的人，那些我所珍爱的点点滴滴，我看见这一路走来深深浅浅的脚印，那张张充满渴望与憧憬的脸颊，那朵朵粲然的笑颜，而一眨眼间，他们却消失得无影无踪。

我想：是的，这是一个告别的季节。

青春仍在，而初三的帷幕却已落下，我听见离别的挽歌已经奏响。

我看见，我的初三岁月，就这样散场。

还好呀，这个夏天过去了，就是秋天了，到那时，我们已重新踏上新的征程，到那时，很多事情都沉淀下来，落得满地都是……

别了，我亲爱的母校，我全心爱着的母校！

别了，我的初中岁月！

别了，我的朋友们！

别了，这一段风雨兼程的日子！

让我们继续奋斗，在各自喜爱的道路上！

学　生

> 三年里，或许我们有太多的误会，但是，我想说，孩子，擦亮你的双眸去发现人生的智慧，只有拥有了是非之心，你才会分辨出那些真正爱你的人。希望你以后成为一个快乐、阳光、追求梦想的男孩！
>
> 班主任

中考，曾经是多么遥远的事，如今它已在身后；毕业，曾经是多么遥远的事，如今它已在眼前。我想，每个同学都与我一样，此刻有无数往事浮上心间。入学考试的时候，大家都在教室里等待，紧张地望着墙上看不懂的英文标语；初到科中，我们小心翼翼地踩着脚步，每天下午在办公室外排队，一遍又一遍地背着课文；演出时辉煌的舞台灯，动人的歌声和对白。在操场上散步，在楼顶上看天，我们珍惜在这里的每时每刻，我们感谢在这里的一点一滴。无数的人，无数的事，无数的感谢。我知道，我恐怕再也碰不到这么好的地方，遇不到这么好的人。

三年前我们站在教室前，怀着赤子之心；三年后我们又站在教室前，怀着同样的赤子之心。在这承前启后的结点上，我们感谢科中，感谢老师，感谢亲人，也感谢我们自己。我们有带不走的遗憾，但我们却可以昂着头说："生命中最美的三年，我们绝没有虚度。"

宋儒有言："为天地立心，为生民立命，为往圣继绝学，为万世开太平。"让我们奉此为旨，不被流俗种种侵蚀了心灵，消磨了理想，永远珍藏住我们年轻的光芒。

学　生

人，贵在有梦想，有追求。三年中，你确实拼搏过、奋斗过。付出总会有回报，只有义无反顾地投入到人生的奋斗目标中，才能迎来人生的崭新境界。既然选择了风雨兼程，那么留给世界的就只能是背影。孩子，祝愿你以后真正拥有收获的精彩篇章！

班主任

Classical is something not fade.

But grow more precious with time pass by.

So is dream——

三年前

我们的梦想从这里起航

美好幸福缥缈神秘的远航

迎着滚滚的浪涛

三年了

闪烁的灯塔在远方飘荡

希望信心勇敢自豪的回响

和着海燕的鸣叫

我们的梦想啊，又即将驶向更远、更远的远方！

Bye，my hometown!

Bye，my light tower!

I will never forget you!

学　生

你是一个阳光而健康的男孩，初三（一）班也因为你而有了精彩的一面。老师明白，你心怀梦想，你拥有比别人更高远的志向。孩子，如果说昨天是历史，明天是未知数，那么我希望你把握今天的每时每刻，创造自己更精彩的未来。

班主任

第五辑

家长之友

Happy English Happy growth

　　新家庭教育不是经验主义的教育，也不是跟着感觉走的教育，更不是跟着市场转的教育，而是建立在心理学、脑科学和优秀文化经典基础之上的家庭教育，是优良传统文化的结晶。好父母应该与孩子一起成长。

家庭教育，一直在路上

文 / 杨晓娟

教育，是一个博大精深的概念，自古以来，有不计其数的教育家、教育机构、专业人士在研究。我只是一位普通的母亲，不敢在大家面前班门弄斧谈教育，今天，我只是想结合自己在陪伴孩子成长的过程中的一些心得体会、实战经验，与大家分享。我分享的主题是"家庭教育，一直在路上"。

在这个世界上，每个孩子都是独一无二的，所以没有一成不变的方法，也没有可套用的公式，所有的一切都有待于我们家长不断地去探索、去尝试、去努力寻找适合自己孩子的方式、方法。所以我今天分享的内容仅供大家参考和借鉴。我想分享以下几个方面的内容：

1.关于成绩的认知。"成绩"这个词贯穿于我们每个人的学生生涯，我想说的是"成绩没有想象中的那么重要，也没有想象中的那么不重要"。怎么理解这句话呢？我的意思是，不管是家长还是孩子，不用对一次考试、一个分数过于纠结，高几分、低几分都没有关系。我甚至觉得，孩子以后是考到北大、清华还是兰州大学，从一个人长远的发展来看，关系也没有那么大。但是，从目前的教育体制来看，三年后的"中考"、六年后的"高考"，都是以成绩作为重要的衡量指标，是一个门槛，如果过不了这个坎，对孩子的成长还是有比较大的影响。因为我们大多数的孩子都是普通孩子，不是比尔·盖茨，不是乔布斯，想退学就退学，不影响他们改变世界。具体而言，针对每次考试，题目中教学大纲范围内、基础性的简单和中等难度的题目都会占到80%以上，所以只要孩子在课堂上对老师讲的内容理解并熟练掌握了，考试就不会有问题。所以我们一定要问课堂要效率，认真听讲、严格按照老师的要求保质保量完成作业，而不是课堂上心不在焉、听个一知半解，下课之后赶往各种辅导班，补习这个补习那个，孩子累，家长也累，花费更多的时间、精力和成本，未必有好的效果。所以我认为，课外辅导班一定是在学有余力的前提下的一种拓展和提升，而不是以"补"为目的。普通补习班的老师，不管是从教学经验还是从专业背景方面来说，都不一定比孩子学校的老师强。所以一定要相信我们的学校、我们的老师。还有，关于"粗心"，家长一定要有个客观的理解，对了就是对了，错了就是错了，所谓"粗心"，实际上是孩子对知识的结构掌握得不是很清晰、不熟练。

2.孩子综合能力的培养。我们99%的家长都是普通人，所以要从心理上接受我们的孩子终究要归于平凡，不要把孩子养成不食人间烟火的样子，四体不勤、五谷不分。让孩子参与衣食住行的各个环节，具备基本的生存能力和常识。学习不仅仅是在课堂上，还要让孩子学会课堂知识和生活实践的结合。（比如通过购物，让孩子了解商品成本、利润、折扣、销售额、百分比等概念；开车时让孩子理解追击问题、相遇问题和动点问题。）

3.关于"放"和"管"，这一点主要跟大家沟通哪些方面应该"放手"，哪些方面应该"管起来"。"学会放手"主要是避免家长大包大揽，造成孩子的责任心不够（孩子的书包里，除了装着书本，还装着自理能力，装着责任和担当），对孩子不够信任等问题。日常生活中，给孩子一些困难，让他们自己解决；给点空间，让他们自己发展；给点问题，让他们自己发现；给点时间，让他们自己想象。鉴于目前孩子年龄还小，没有良好的自律意识和自我约束能力，发现不良的语言习惯和行为习惯要及时制止，同时一定要加强智能手机的使用限制。

（杨晓娟，2001年毕业于中南大学应用电子技术专业，2014年获得兰州大学信息学院工程硕士学位。现就职于中国电信甘肃万维公司，从事管理工作。）

爱心 责任 目标

文 / 任余龙

古人云："少年智则国智，少年强则国强。"孩子是父母生命的延续，是每个家庭的希望，也是国家的未来。今天，我有幸能和各位家长交流自己在孩子管理方面的经验，我也热切地期望能得到各位家长和老师的指点。

老师是一个非常崇高的职业。荀子指出"国将兴，必贵师而重傅"。《礼记》更强调建设国家，管理公众事务，教育为最优先、最重要的事情。"教师是人类灵魂的工程师"，斯大林的这句名言，用在老师的身上一点也不过分。你们的言传身教，将引导每个孩子在成才的道路上健康成长。

在自己孩子的教育上，我觉得每天做的事情都很琐碎，找不出很典型的事迹。仔细思考一下，我总结成三个词：爱心、责任和目标。

谈到爱心，我觉得这是各位家长最贴心的话。古人形容自己孩子的出生是"语笑嫣然若云霞，璇玑喜入有福家；平生有此万事足，安待明朝看琼花"。孩子的出生对我们每个人来说都是最幸福的事。在父母的眼中，孩子常是自我的一部分，子女是理想的自我再来一次的机会。正因为我非常爱自己的孩子，所以我希望她不仅现在快乐，在将来漫长的人生道路上也会非常幸福。但社会竞争是残酷的，诸葛亮在《诫子书》中说道："年与时驰，意与日去，遂成枯落，多不接世，悲守穷庐，将复何及！"我担心我的孩子"悲守穷庐"。因此，我觉得正确的爱应该是理性的，是以孩子的成长需要为出发点的付出，而不是满足她所有要求的溺爱。在平时，无论生活还是学习中，我对她的要求都比较严格。我给她制订了比较严格的学习和作息计划，在保证她睡眠达到 8 小时的前提下，尽可能给她多争取学习的时间。早上，我一般会让她在 6 点准时起床学习；中午放学后弹半个小时钢琴；晚上做完学校的作业后，再坚持做一会课外作业。从小学到现在，几乎每天如此，包括节假日也不例外。我也尽量满足孩子正常的需求，比如买自己喜欢的书、文具、玩具、食品等，带她出去旅游，陪她看电影，尊重她与同学的正常交往，支持她参加学习活动等，让她的身心有充分放松的机会。

谈到责任，我觉得能把孩子带到这个世界上，是我和孩子之间最大的缘分，但如果由于我教育得不到位，使她将来过得不幸福，那就是我最大的过失。所以，我认为孩子的教育是一刻都不能放松的事情，"战战兢兢，如临深渊，如履薄冰"，生怕由于自己做得不到位而耽误了她。

小学四年级的时候，她写作能力很差，我心急如焚，到处想办法。为了培养她阅读的习惯，我给她买了很多课外书，放在家里的各个地方，这样她无论走到哪里都能拿起书来读，现在她一到家，就习惯性地拿起书来读。我也基本不干涉她看书的内容，只要她能喜欢就让她去读。这样，她的写作能力慢慢地提高了。除了学习，我平时还注意对她进行人格培养，包括尊敬老师、尊重长辈、爱惜公共卫生、助人为乐、积极乐观等。为了培养她的兴趣爱好，在我贷款买房的情况下，又借钱给她买了钢琴，同时支付了昂贵的学费。

和众多家长一样，"望子成龙、盼女成凤"也是我对孩子的期望。目前是孩子学习打基础的关键阶段，所以在学习上，我要求她做到百分之百的正确，不能有半点瑕疵。《易经》有云："取法乎上，仅得其中；取法乎中，仅得其下。"每次开学，我都要给她立学习上的高目标，使她以"好学生"的标准来要求自己。通过培养她学习上的主人翁意识，来改变她对学习的态度。在这种努力下，她的学习成绩也慢慢地上来了。古人云"他山之石，可以攻玉""三人行，必有我师焉"，希望通过这次交流，我也能学习到其他家长在教育孩子方面成功的经验。

（任余龙，博士研究生学历，现就职于中国气象局兰州干旱气象研究所，从事数值天气预报研发工作。2018级家委会主任。）

养成好的学习习惯

文 / 刘敬

什么是好的学习习惯呢？作为家长又能起什么作用呢？我总结了如下几点与大家分享：

一、在课堂上做到聚精会神、心无旁骛、专心听讲，养成认真听讲的好习惯。这个习惯的养成主要得益于孩子从小形成的专注力。我在孩子小的时候就特别注意，不随意打断她。无论是在玩的时候，还是在写作业的时候，即使看到她做错了，也要忍着不说，等她做完了再一起分析哪里需要改进。我想，这是我帮助孩子形成专注力的一点小心得。作为父母，我们最容易犯的毛病就是关心则乱，容不得孩子犯一丁点儿错误。孩子的一个小错误，我们会急不可耐地帮其改正，岂不知这样不但打扰了孩子做事的节奏，影响了专注力的形成，还破坏了孩子认真完成一件事的热情与信心。

二、不欠债。有不懂的知识点及时请教老师和同学，做到"当天事当天了"，千万不可日积月累，让包袱越来越大。我的孩子有时也存在以"马虎"为理由，将不懂的知识蒙混过关的毛病。其实她犯的错误是不能完全以"马虎"来解释的，仔细分析，就会发现她对于知识点的把握不够准确。我们也是一次又一次地帮她分析，找到原因。但是，作为家长，我们真的不是各门课程的专业人士，这个时候还是要依靠老师，为她解惑。因此，在她学习上出现问题的时候，我们更多的是帮她形成解题思路，鼓励她及时向老师请教。毕竟，将来孩子学的功课越来越深，总有家长帮不到、不会做的时候。到了那个时候，"请教老师"的习惯就派上用场了。

三、积极发言。课堂上对老师的提问要及时反馈，积极举手发言，这不单说明学生在认真听讲，还说明你确实跟得上老师的思路，师生互动，才能取得好的教学效果。作为孩子的父母，我们自己在这方面其实是要反过来学习孩子的勇气的。但我们的支持和欣赏也给了孩子可贵的鼓励，让她在自信、自立、自强的道路上走得更好。

四、认真完成作业。保质保量，让家庭作业确实起到巩固知识、加深理解、拓展思路的作用。我们没有给孩子布置过课外作业，因为我们觉得老师留的作业已经足够了，而且质量和效率才是学习有成效的重要保证。其实越到后来，我们越没有时间逐题去检查孩子的作业了，但会偶尔抽查一下，看她完成得认真不认真，有没有敷衍了事的情况。我家孩子对待作业的态度基本上是很认真的，这一点让我们很省心。记得有一次，老师留了生物作业，其实是下周才需要交的，那天已经很晚了，可她还是坚持要当天完成。我们很佩服她的"当日事当日了"的精神，于是就让她自己写作业，我们先休息了。可能有的家长会说，你们这样子就不对了，合格的家长难道不应该陪着孩子，直到写完作业一起睡吗？在我家不是这样的。自己的事情自己负责，这是责任心，是担当精神。何必给孩子一个她熬夜，爸爸妈妈就要陪伴的不好印象呢？没有什么事情是理所当然的，学习也是，家长应该准备好该退出的时候就退出。

五、勤于思考、保持求知欲。要对各门学科有好奇心，养成勤于思考、善于思考、遇事多问几个"为什么"的好习惯。求知欲和好奇心是孩子学习的核心动力，是学习变被动为主动的关键。在这方面，我家孩子做得尚不尽如人意，这可能与她自己对各门学科知识的认识程度有关，也可能与我们的帮助不足有关。我们目前能够想到的就是，如果时机合适，在她谈及对某个学科问题的想法的时候，我们能和她一起分析，一起探讨，循循善诱，加深对学科本质的理解。比如前些天，孩子偶然提及化学的问题，我就有意识地和她讨论元素的构成，讲到自己处在她这个阶段时对化学的困惑。由于个人爱好，我很早就在客厅挂了世界地图和中国地图，孩子自从上了地理课以后，没事就喜欢站在地图前指指点点，提些问题，说说在地图上的新发现，这就提起了孩子对地理的好奇心。

好奇心和求知欲不是一蹴而就的事。这些学习习惯的养成也不是孤立的。

除了在学校，孩子和父母相处的时间是最多的，言传身教，父母也是孩子人生的老师。你不能自己在手机和电脑上打游戏、在电视机前追剧，却要求孩子能够专心做作业。父母好学上进，在辛苦工作之余主动学习，提高自己，孩子自然没有理由心里想着打游戏和看电视剧。尽量创造条件，营造一个全家都积极学习的环境，孩子自然也能主动学习，家长也就省心、省事得多了。

（刘敬，毕业于兰州大学生命科学学院，现就职于中国科学院近代物理研究所。）

家长以身作则对孩子行为习惯和学习习惯的影响

文／孙嘉奕

孩子的健康成长和学业进步是现阶段我们每个家庭以及学校、社会共同关心的问题。而当前我们所面对的又是一群正要步入青春期的孩子。处于这个时期的孩子，独立性开始增强，有的还表现出了一定的反叛的精神。我想，在座的家长们一定和我一样有这样的经历：当我们要求孩子做什么的时候，他会回答："那你为什么不如何如何……"是的，孩子最直接的榜样来自于成人，尤其是我们家长。家长的一举一动都逃不过孩子的眼睛。我们要求孩子远离电子产品，而我们自己整天手机、平板电脑不离手；我们希望孩子好好学习，而我们自己对待工作却懒散、没有责任心……家长是孩子最亲密的人，是最直接的榜样，家长如此做法，怎么能给孩子起到良好的示范作用？所以我今天想和大家分享的是"家长以身作则对孩子行为习惯和学习习惯的影响"。

先说说行为习惯。家长的榜样作用是不可小看的。父母是孩子的首任教师，是孩子首先模仿的榜样。父母的言行、思想观念等无时无刻不影响孩子，可以说从孩子身上，我们总能找到父母的影子。孩子良好的行为习惯是由成人言传身教、以身作则、有意识地培养的，习惯一旦养成就不易更改。因此，家长要充分认识到良好的行为习惯是孩子教养的重要一环。要培养孩子的各种良好习惯，不妨从生活中最简单、最基本的行为做起。"天下大事，必作于细；天下难事，必成于易"。让孩子从细小处做起，成为独立、有自信、有责任感、乐于学习、善于与人相处的人。

例如，在学校，老师教育孩子要遵守交通规则，可是在生活中，我们家长却带着孩子随意横穿马路；在学校，老师教育孩子要尊老爱幼，可是乘坐公共汽车时，我们家长却抢占座位，不礼让……那我们的孩子会怎样做？孩子总是会下意识地模仿自己身边成年人的言行。因此，如果家长在日常的生活中不能做到以身作则，那么再多的说教和责骂都是没有效果的。

不良的行为往往会不自觉地表现出来，而好的行为则要十分自律、自觉，必须克制自己的需求。这种意志力要经过自身的努力才能得到。

当孩子还小的时候，晚上我们一家人经常会一起收看电视节目。后来孩子学业繁重了，为了防止孩子过于沉迷于电视，以致影响学习，家里的电视就从来没有开过。他学习时，我们也不沉迷于手机，尽量阅读一些纸质的书籍。

我想，父母以身作则，同时鼓励、支持再加以耐心的诱导和启发并坚持下去，孩子良好的行为习惯自然会逐渐养成。

再说说我在培养孩子良好的学习态度和习惯方面的一些体会。我们认识到，学习态度认真、学习时能够专心致志，同时勤于思考，通常能获得良好的学习成绩。在与孩子的学习交流中，我们首先争取自己先做到。例如：孩子经常会遇到一些难题来问我。说实话，有些题目，我也不能马上给他一个正确的解题思路。每当这个时候，我通常会放下手里所做的事情，来认真地学习并解答题目。我自己一定是要把这道题目理解、吃透，之后再和他一起讨论，直至他会做。也有个别的时候，孩子自己已经把这道题目搞清楚了，而我还没有反应过来，这个时候我不会简单地说"你懂了就好了"，我一定是让他给我讲一遍，直至我自己也搞懂为止。通过这样一种方式，我要让孩子看到，我对待学习的态度是认真的，以此来培养孩子认真对待学习的态度。再比如说，孩子学习到关于地理、历史方面的一些知识时，来问我或同我探讨一些问题，我自己或许也是一知半解，但这个时候我绝对不会糊弄他，我会和他一起去查资料，与他交流讨论，从不同角度分析问题，开拓思路，来得到这个问题的准确答案，并从其他角度验证答案是否正确。通过这种方式，来培养孩子对待学习的一种严谨的态度，并促使孩子养成勤于思考的学习方式。多数处于青春期的孩子不能长时间持续地专注一件事，也有的孩子在学习上全凭兴趣来取舍。我想，如果我们家长能在生活中的细节和小事上专注、认真，以身作则，一定会帮助孩子养成良好的学习态度和学习习惯。

相对于学校对学生的教育，家长的行为习惯对孩子的影响更为直接，更为深远。家长永远是孩子的第一任老师，也是孩子永远的榜样。

说到以身作则，我也想提一下家庭教育与学校教育的配合问题。家长对学校工作和老师的态度不同，对孩子的影响也各异。我们应该注意家长和老师之间的默契合作。家长对孩子的成长起着至关重要的作用，如果没有家长的密切配合，如果老师不和家长团结协作，就难以达到理想的教育教学效果。因此，家长如果感觉自己的教育理念和老师或学校的理念有所分歧时，不要在孩子面前抱怨，应该积极地和老师进行交流沟通，双方共同努力，以帮助和促进孩子的健康的成长，从而养成良好的行为及学习习惯。

著名教育家乌申斯基说："良好的习惯是人在其神经系统中存放的道德资本，这个资本不断增值，而人在整个一生中就享受着它的利息。"可以说，培养良好的行为习惯和学习习惯是非常必要的。让我们家长以身作则，引领孩子获得良好习惯并受益终生。

（孙嘉奕，毕业于合肥工业大学，现就职于中国科学院化学物理研究所。）

教育无小事

文 / 冯婕

优质的家庭教育会为孩子的优质人生奠定基础。作为父母，我们有着共同的心愿：我们希望孩子可以乘坐学校教育这艘大船乘风破浪。那么家庭教育的帆，够坚实有力吗？在这里，我就家庭教育中的点滴与大家分享：

一、做好孩子的榜样

家庭是孩子的第一所学校，父母是第一任老师。作为父母，我们是家庭中的主要成员，对孩子的教育担负着不可推卸的责任。孩子最初的学习就是模仿，在我们文明语言的熏陶下，他们是不会讲出脏话的；有我们文明的行为做示范，他们又怎会乱丢垃圾、乱穿马路；在我们孝敬父母的同时，还用担心他长大后的孝心吗？身教重于言传，这些我们都懂，需要的是我们付诸行动。比如，当我们和孩子过马路时，一定要走斑马线，即使车流量很少，即使要多走一点路，也要让她形成习惯。

二、读万卷书，行万里路

良好的阅读习惯，是让孩子智慧一生的金钥匙。多读书，孩子会见多识广、思维活跃。好书读得多了，孩子自然会从中汲取营养，变得更坚强、更自信。

我女儿从小喜欢读书。三四岁的时候，因为她喜欢看动画片《喜羊羊与灰太狼》，我就给她买了《宝宝自己读》图书系列（当时没买全），孩子非常感兴趣。刚开始我读给她听，后来是她自己看着图片讲，所讲的内容和书中的文字基本一致。再到后来，当我把其余几本书买回来的时候，孩子竟然不需要我读，上面的字，她基本都认识了。上学以来，孩子的成绩一直较好，这和她喜欢阅读是分不开的，阅读拓宽了她的知识面。我讲这个故事的意思是，有些家长可能觉得给孩子买了很多书，但孩子就是不喜欢读。这很可能是我们没有找到他们的兴趣点，所以不容易养成孩子爱读书的习惯。每个孩子都有自己的喜好，所以我们做家长的就需要找到切入点，对症下药。

三、培养孩子宽容大度的胸怀和受挫能力

现在的孩子养尊处优惯了，要求他们宽容地对待周围的人并不是一件容易的事。遇到挫折，他们多数都会考虑别人的错误或对自己的不公，很难做到反思自己的行为。我的孩子也会出现这样的问题。所以当她抱怨身边人的错误或自己遇到的不公平的事情时，我必须在她冷静时给她讲道理、给她鼓励，让孩子知道换位思考。遇到挫折、磨难和一些不公平的事是不可避免的，生活不可能一帆风顺，我们需要做的是做好自己，好好学习，使自己变得强大起来。

四、不要给孩子手机

我们知道，现在网上的信息五花八门，良莠不齐。我们成人有时尚没有自制力，何况孩子。我们经常在马路上或公交车上看到，有些孩子拿手机玩游戏。我家孩子有段时间一回家就要使用手机或电脑，说要查资料或给同学发作业，但往往是该干的事干完了，她却不会主动将手机和电脑还回来。事后我一查，她还会浏览朋友圈发的说说、看乱七八糟的新闻等。绝对限制使用电子产品显然不可能的，因为现在很多学习确实需要借助于网络，所以我采取的方法是能打电话说清楚的就尽量不要用 QQ、微信等软件，用聊天的方法去说，实在要用也要有时间限制。

家长朋友们，在孩子成长过程中，我们做的事也许微不足道。但教育无小事，让我们多一份用心和关注，期待孩子们的明天会更好！

（冯婕，毕业于西北师范大学，现就职于兰州城市学院。）

初中起始年级家庭教育方法指导

文 / 马慧

近年来，国家颁布了一系列政策和文件，强调学校教育、家庭教育、社会教育要保持一致性，突显开展家庭教育指导工作的重要性。可是，家庭教育指导的现状却不容乐观。家长对家庭教育指导意识观念淡薄，教师对家庭教育指导内容方式单一，学校对家庭教育指导疏于监督管理，这些都影响了家庭教育指导的有效开展和实际效果。笔者就初中起始年级的家庭教育做了以下总结归纳，起到抛砖引玉的作用，愿家庭教育之树茁壮成长。

一、孩子升入初一，家长怎样做

孩子由小学升入初中后，意识到自己长大了，但思想还相对幼稚；学习科目增多，难度加大；有了新的学校、新的教师、新的同学、新的相处模式。所以，孩子在升入初中后的适应问题多体现在身体、心理、学习和人际交往等方面。这是孩子成长的关键期，也是一个困难期。这一时期，如果不能顺利度过，或某一环节出现问题的话，就会使孩子的成长轨迹发生偏离——网瘾、打架、早恋、厌学、焦虑、抑郁等情况时有发生。小升初的入学适应性一般需要一到三个月的时间，但也有相当一部分学生由于不能很好地适应而产生许多问题。

（一）针对这几年我们对初一学生的观察，主要出现这样一些状况：

1.入学成绩很好，但是期中考试后，成绩就开始下降，到期末更加惨不忍睹。

2.在小学里一直勤勤恳恳、认认真真学习的孩子，到了初中也依然努力，但是成绩却不佳。

3.在小学里优秀，但是到了初中却成绩平平，久而久之便丧失了学习信心。

4.在小学靠着聪明劲，不写作业，不认真听讲，成绩也能过得去，但是将这些坏习惯延续到初中后，很快就会沦为差生。

（二）问题存在的原因：

1.从环境变化看：学生到了初中，立即会感觉到校园环境变了，天天接触的同学和老师变了，特别是老师，不仅都是陌生的，而且不像小学里只有几个老师给自己上课，中学里是一门课一个老师。加上课程门类又多，老师像走马灯似的，真让学生有点应接不暇，在一定程度上加重了学生的陌生感，而且学生活动的范围比小学大，与社会接触的时间也多了。

2.从管理方法看：小学对学生管得严，指导得细，从上学到放学，学生基本上都在教师的视线下；中学的管理则逐步向自我管理、制度管理过渡，要求学生为集体承担义务和责任。中学生有了一定的自由度，这样一部分学生会产生错觉，认为中学管得松，从而放松了对自己的要求。

3.从教学内容看：从小学到初中，课程门类突然增加，教材内容多、跨度大、要求高。就拿语文来说，小学五年级的一册书约五万字，而初一的一册书就达十四万字，初二更达到十八万字（课本比小学的厚，课本里的字比小学的小），而且初中的篇目多、篇幅长，文体种类多。在小学，一篇课文，语文教师往往要讲两到三节课，而中学老师面对一篇篇幅比小学课文长许多的课文，常常一两节课就讲完了。学生进入初一后，往往会因为骤然增多的学习科目、内容和较长的学习时间而感到学习任务加重，产生紧张、惧怕心理。

4.从教学方法看：小学教师的教学方法示范比重比较多，学生的学习基本是模仿和记忆，以听讲为主；中学教师的教学既要重视知识的传授，又要重视能力的培养，学生的学习，除记忆外更要思考和理解。初中课堂上，学生的多种感官都要同时参与活动，要有一边听讲、一边看书、一边思考的本事。进入初中，自习课对于学生来说也是比较新鲜的，如何把握自习的时间，学会自我学习很重要。

5.初中和小学的评价标准也有很大的不同。在小学里，分优秀和良好等级，而"优秀"的跨度是从80分到100分，所以我们看到"优秀"就觉得孩子学得非常好，其实不然。再加上小学内容简单，考 90 分以上很容易。在初中，想各科都考到 90 分就比较难，孩子往往会觉得，我比小学下的功夫多，成绩反而比小学差。如果不及时给予指导，有的孩子就会丧失信心。

6.从生理和心理方面看：小学到初中，孩子不仅在生理上处于个体发育的关键时期，而且在心理上也发生了巨大的变化。青少年的身体发育情况并不呈直线上升，一般以 12—18 岁为青春发育期。青春期的特点是生长速度突增，是生长发育的第二个高峰。青少年时期的身高、体重逐渐接近成人，机体各系统、器官也渐渐发育成熟，思维能力活跃，记忆力最强。青春期是一个特殊的时期，既是长身体、长知识、立志向的黄金时期，也是容易出问题的危险时期。它是人从幼稚、朦胧走向成熟的时期，必然带来心理的动荡，必然面临着新的人际交往的适应问题。这个时期，做家长最大的感受就是孩子没有小学时候听话，原因就在此。所以对青春期的关注，就是对人生关键期的关注。孩子在这个成长过渡时期，如果家长能够高度重视，用科学的方法帮助孩子尽快适应初中生活，就会在今后的岁月里收获孩子成长的快乐。

（三）家长究竟应该如何做：

1.细心观察。进入初中以来，学生至少在表面上都是积极向上的：成绩好的踌躇满志，欲在中学大显身手；基础差的也满怀希望，暗下决心，想在中学重新做起。但这只是一种表面现象，如果家长只看到这些，就以为孩子长大了，不用操心了，从而放松了监督，那么孩子的各种状况就会表现出来，再来改正就会错过教育时机。因此我们要注意孩子的情绪变化，多和孩子沟通交流，了解孩子在学校的情况，以便及时给予心理支持。

2.重过程、轻结果。不要只是在看到考试分数的时候才想起要管孩子，或者将孩子打骂一顿。要在平时就关注孩子的学习习惯、学习态度、学习方法。

3.监督和陪伴。这样的做法至少要进行到进入初一年级后三个月。这个监督和陪伴并不是监督作业，也并非辅导作业。

4.以下具体做法供大家参考和借鉴：

（1）"听"。听什么？听孩子回家后聊当天各科的学习内容。这其实是叫"梳理知识点"。北京四中网校的老师讲过这样一个学习观点：先复习再写作业。我的观点是这一步可以说，可以写，就是尽力回想当天所学的每个学科的知识点，或者在纸上写出来。我们做家长的为什么要听或看？其中一点就是传达这样的一个信息：我关注你上课的听讲情况。慢慢地，孩子上课就不敢走神了。

（2）"看"。看什么？看作业和小考卷子。初中的作业样数会很多，要求孩子记到本子上，我们要核对一下是否都写完了，不要只听孩子说"我都写完了"。家长每日监督，会让孩子减少偷懒的机会。要注意不要给孩子讲作业题。要鼓励孩子去问老师，去和同学探讨，因为你虽然会做这些题，但是不一定讲得明白，还不一定有耐心，对待自己的孩子，大家通常是没有耐心的。问老师和同学才是自主学习的体现。

（3）"做"。做什么？做计划。要帮助孩子做一个详细的、可操作的计划。这件事要指导孩子去做，要按照艾宾浩斯遗忘曲线去制作。大家不妨去看看魏书生老师的《学习方法》，里面的复习、预习全都运用这个原理。这个计划一定要细，具体到在什么时间里，复习的是哪一科、哪一章节或者背哪一课的单词。

（4）"整"。整什么？整理错题。一般情况是孩子整理。其实学习的差距就是看谁学得更为扎实，而不是谁做出了难题。所以这些错的东西实际上就是宝贝。好多考上清华、北大的学生在介绍经验时都有此招。

最后要提醒的是，不要认为孩子上了初中，抓学习就是老师的事情了，老师会管的。的确，老师是会很认真地管，可问题是将时间平均分配下去，老师花在每个孩子身上的时间就会很少。初中每天八节课，所以即使老师想给孩子"吃点小灶"也没时间。

二、初一学生的特点和矫正对策

（一）特点：

1.成熟与幼稚的统一。进入少年期，身体形态发生显著变化，身体机能逐步健全，心理也相应地产生变化。但童年和少年两个阶段之间是逐渐过渡的，初一学生刚刚跨入少年期，理性思维的发展还有限，身体发育、知识经验、心理品质方面依然保留着小学生的特点。

2.向上性与盲目性的统一。自我意识开始发展，有了一定的评价能力，也开始注意塑造自己的形象，希望得到老师和同学的好评，在学习和纪律方面会认真努力，力争给老师和同学留下好印象。但思维的独立性和批判性还处于萌芽阶段，神经系统调节能力较差，容易受外界影响，顺利时盲目自满，遇挫折时盲目自卑、泄气，有从众心理。

3.独立性与依赖性的统一。不愿让大人管，但学习和生活中遇到具体困难时希望得到老师和家长的帮助。

4.新鲜感和紧张感的统一。新环境、新老师、新同学、新学科，感到新鲜。但不久，由于学科增多，复杂性增强，课时延长，考试增多，教法和学法与小学不同，使其感到紧张。

（二）矫正对策

1.适应——从小学生转变为中学生，对周围的环境、教学的方法、生活的节奏都需要适应，适应的快慢，在很大程度上决定着学生初一甚至整个初中阶段的成绩，所以初一很重要的一件事情就是要尽快适应新的生活。

2.养成——初一是打基础的年级，不仅要打好知识的基础，更要打好学习习惯的基础，重视"养成教育"，就是让学生尽快养成端正的学习态度，养成良好的学习习惯、思维习惯，养成正确的学习方法。成功的养成教育是学生初中阶段学习成绩优秀的重要保证。

3.基础——课程的难度是渐进的，所以刚开始的时候，学生都会觉得比较简单。初一不要追求"难度"和"进度"，而要重视基本概念的学习、剖析和应用。只有基础牢固，才有可能在整个中学阶段学得轻松而有成效。

4.期中考试——初一第一次期中考试是对学生在学校相对成绩的一个摸底，根据这次考试的情况，家长和学生可以及时发现问题、查漏补缺，让学生的成绩有效提高。

三、初一新生家长"三大忌"

大忌一：操之过急

孩子学习成绩发生变化，家长千万不要急躁，这是正常现象，正确的做法是及时发现问题，然后有针对性地补救。如果你的孩子在小学时成绩已经名列前茅，这时候就不要过多地强调成绩，只需要教给他好的学习方法；如果你的孩子成绩处于中等或中下水平，则要积极鼓励他。在新的阶段，只要肯努力，方法正确，成为尖子生也不是什么难事。

大忌二：发号施令

十二三岁的孩子，开始进入青春期，有着很强的叛逆性和独立性。家长不要再事必躬亲，应当给孩子一个民主、宽松的环境，切忌用命令的口气要求孩子做各种事情。对于一些原则性不强的问题，允许孩子按自己的意愿去做，比如穿着、饮食方面。但也不能完全放松不管，可以在暗中观察孩子的举动，如果出现不好的苗头，就从侧面指引解决，尽量不要发生正面冲突，尊重孩子的隐私和尊严。

大忌三：过分照顾

有部分学生将升入寄宿制中学，需要按照学校的要求独自学习、生活，家长要尽早培养孩子独自生活的能力，合理有序地安排饮食起居。此外，在生活费方面，要培养孩子科学的理财观，有节制地用好零花钱。

总之，好的家庭教育一定要有良好的学习环境做保障。好的家庭学习环境，对学生的学习影响是非常大的。有人说教师的孩子往往成绩很好，其实教师的孩子在智力上和其他孩子没有什么区别，也不存在什么优势，关键是当教师的父母往往更注重孩子的家庭教育，注重给孩子创造一个学习的良好环境。良好的学习环境需要安静，更需要和睦。有的家庭，家长长时间看电视、上网、打麻将、打扑克、频繁地参加家庭朋友聚会，忽略了家有学子，从而影响孩子的学习。建议家长最好给孩子提供一个单独的、安静的学习空间，一间屋子，一张桌子，让孩子远离干扰。一个人最大的成功和幸福在于事业的自信以及培养出一个优秀的孩子。希望我们大家都能成为一名负责任的家长，也希望大家能够享受到孩子健康成长的快乐。

初二年级学生的特点及家庭教育指导

文 / 杨菊英工作室

初中生正值"身心聚变"时期，其中初二学生尤为明显，美国心理学家霍林沃斯称之为"心理性断乳期"。还有人认为初二是整个中学阶段"最危险"的阶段，而且初二学生最难管理，被称之为"初二现象"。

人们之所以特别关注初二的学生，与近年来初二学生身上反映出来的种种表现密切相关。如：叛逆、盲目追求自由平等、易受外界影响、情绪情感偏激、易激动暴躁、情绪两极波动、凭感情行事，但同时又具有可塑性大、主动尝试、追求独立等特点。从大量青少年犯罪案例分析来看，14 岁（相当于初二年级）是青少年犯罪的易发期。种种状况表明，初二是成长发展的转折点，也是教育的关键期。另外，初二是初中生活开始分化的时期。经过一年的学习、生活，环境熟悉了，人也熟悉了，一些学生就不像初一那样规矩了。如果我们抓紧对初二学生的教育工作，就会使更多学生迎头赶上，与集体一起前进。绝大多数学生是勤奋学习、要求上进的，但由于他们的思想还不够成熟，看问题往往比较片面、幼稚。他们希望别人把他们看成"大人"，希望别人信任、尊重他们。家长们应当积极配合学校工作，针对这种思想，采取恰当的教育，引导学生不断进步。

一、主要特点

（一）早恋

"不许跟某某聊天，打招呼也不行，每天晚上必须说一遍喜欢我。"宋女士帮儿子整理书桌，发现了一张语言暧昧的纸条，一看便知是女生写的。而有如此语言，说明儿子与这个女孩的关系已经非同寻常。宋女士本想好好教训一顿儿子，晚上便亲自接儿子放学，谁知在学校门口，她却看到好几对男生女生手拉手，亲密地往前走。某中学教育处主任介绍，早恋现象主要集中于初二年级，同学之间肆无忌惮地开玩笑，部分男女生表现过分亲密。

（二）上网

初中阶段，初二学生上网最多，尤其是男生，有的几乎整天都泡在网吧里不停地打游戏，饿了就在网吧吃方便面，有的甚至逃课上网。这些学生往往很难管教，有时即使老师把他们带回学校，对其进行教育或者惩罚，也往往收效甚微。有老师在与学生谈心时发现，一部分学生也知道沉迷于网吧对自己的危害，甚至下决心离开网吧，但往往管不住自己，抵御不住网吧的诱惑。

（三）学习成绩下降

老师们总结，在学习上，初二是一个分水岭，一部分同学在初二进步很快，成绩由中等上升为优秀，但也有一部分学生存在畏难情绪，将心思用在学习之外，成绩迅速下降，对学习失去兴趣，自暴自弃，从此一蹶不振。这样的同学到了初三，往往很难有所突破，中考的失利难以避免。

（四）逆反心理严重

老师们分析，初二学生的另一特点是"不服管教"。一些同学对老师、家长的批评不再虚心接受，开始反驳、顶撞，甚至嘲笑师长，越是父母、老师不让做的事，他们越起劲，一定要和师长"对着干"。

二、针对初二学生的特点，家长该如何引导他们

（一）正确认识自己的孩子

首先，父母要尊重孩子的人格。父母应懂得，孩子是一个活生生的人，有正常的需要，有自己的性格特点和兴趣爱好。父母应爱护和培养孩子的这种自立精神；其次，父母要全面地看待孩子，不能只看到他们的缺点而漠视其优点。即使最优秀的孩子，在成长过程中也难免会出现一些问题。反过来讲，即使最淘气的学生，身上也有不少长处和闪光点。家长不应片面地认识孩子，他们是发展中的人，是动态变化的人，他们身上有许多特点是在不断变化的，会向好的方面发展，也会向不好的方面演变，家长的引导很关键。

一方面，家长可以和孩子一起探讨问题，当孩子取得成功时，与孩子一起分享成功的喜悦。另一方面，要成为子女的导师，一旦发现孩子身上的问题，决不能视而不见，须及时指出，抓住时机进行启发和帮助。

（二）尊重孩子的"小秘密"

有时孩子把内心的秘密告诉家长，家长要选择适当的时机，运用适当的方法，解释孩子的无知或错误，激发孩子的自愧、自警、自戒之心。"不希望家长窥视和干涉"，这是孩子独立人格开始形成的一种标志，家长必须尊重孩子的隐私权。在当今文明进步的社会中，父母要给孩子创设一个宽松的交往环境，做个开明的家长。

（三）营造一个教育孩子的良好环境

家长的人格形象对形成孩子的品质、发展孩子的交往能力有着直接的影响。家长只有配合学校教育，运用民主、理解、健康的方式教育孩子，孩子才会富有时代精神。作为家长，更要注意爱孩子的方式。对孩子物质上的照顾固然不可少，但精神方面的关怀更为重要。孩子更需要父母的理解，需要与父母沟通，需要精神上的慰藉。

（四）对子女的要求要适度

家长的要求必须要切合孩子的实际，适合孩子的身心发展规律，从自己孩子的实际出发，不攀比、不揠苗助长，否则会使孩子产生逆反心理，甚至采取极端方式来对抗父母的意志。尤其要正确对待孩子的学习成绩，帮助孩子循序渐进，分步实现期望值，切不可心急，否则效果不明显。

（五）重视挫折教育，锻炼孩子的心理承受力

在充满竞争的社会环境下，孩子的学习和生活都面临竞争，这就必然会有失败和挫折。因此，在多给孩子爱的同时，也要锻炼他们对环境的适应能力，锻炼他们如何正确对待失败，如何适应各种变化着的环境，使孩子有经受挫折的心理准备，以免走极端。

（六）对孩子的关心和关爱要落在实处并持之以恒

有的家长只是在孩子考试后、老师反映问题或开家长会后过问一下学生的情况，并且大多关心的只是学习成绩，对学生的心理和品行则往往忽略。

初三学生的特点和矫正对策

文 / 马慧

一、初三学生的心理特点

进入初三，随着中考升学压力的增大，学生无论在身体上、心理上还是价值观念上都在发生相应的变化，其心理特点归纳起来大致为：思维能力空前提高、理想压力空前增大、异性交往有所分化、自私叛逆日益强烈、厌学情绪继续激化、自我管理两极分化。有些孩子能把握自己，有的孩子则完全不能自我管理。造成这些现象的根本原因是：学生个人对升学的期望值与本身实际的学习能力之间存在着不同的距离。

二、如何应对初三孩子的心理特点和行为

（一）仔细观察

要细心观察孩子，学会与孩子对话。家长与孩子朝夕相处，孩子的内心隐秘总会通过种种迹象显示出来。初三的孩子不再像儿童那样把喜怒哀乐写在脸上，而喜欢把"秘密"藏在心里，但这正是孩子由幼稚走向成熟的表现。因此，做父母的要多关心孩子，多了解孩子，随时把握孩子的思想动机，才能与孩子一起克服生理、心理上的种种矛盾，顺利地走过第二次"断乳期"，顺利地走过初三，做到防患于未然。

（二）平等尊重加强交流

假如你能够走进孩子的世界，到最后形成"多年父子成兄弟"的家庭，就是成功交流的家庭。初三的家长经常问的就是"作业做完了吗？考试得多少分"，很少有家长会问"你今天心情怎么样？你们班级发生了一些什么事

啊？"孩子兴高采烈地和你讲学校的事情，你要么冷漠地不当一回事，要么就是拐弯抹角回到学习的主题。孩子会怎么想呢？

（三）家长与孩子谈话要注意几个方面的偏差

1.场合不当。比如在饭桌上训斥，或在人多的时候揭孩子的短处，数落孩子的不是。

2.愿望错误。希望孩子全盘接受你的观点或按照你的要求发展。其实孩子和你在某些问题的认识上不一致是正常的，家长一定要让孩子无条件地认同你，显然会加剧亲子矛盾。

3.态度错误。要么和孩子不说话，一说就是责骂、训斥、讽刺的口气。一个出走的孩子说："我再也受不了我妈，她每天都在数落我的不是，好像我是她的出气筒。"所以有话要好好说。

4.内容错误。只看到孩子的缺点，忽略了孩子的优点，孩子会觉得自己在父母眼里一无是处，很有失败感。

5.方式错误。单方面说教，不给孩子说话的机会。其实这也是家长不自信的表现。孩子正处在发展中，他们的成长具有起伏性、反复性，有的家长太急于求成，与孩子谈话失去耐心，谈上几句就不欢而散。

（四）不断鼓励

随着中考的不断迫近，学生们埋头苦读，尽心尽力，奋发用功，同时又在一次次的模拟考试中饱受着挫折与痛苦。他们在矛盾和失败中渴望得到老师和家长的理解、关爱、支持和帮助。每个学生都希望自己能在民主、友好、宽松的环境中学习。因此，家长应当采用点头、微笑、倾听，与孩子心理沟通，给以积极的评价，适时点拨、鼓励和引导。尤其对于学习效果不太理想的孩子，要经常不断地积极评价，以唤起他们的自信心，提高学习效率。多一点和自己的纵向比较，少一点和他人的横向比较，不要说"你看谁谁都比你考得好，你怎么办"这类打击信心的话语。在孩子取得点滴进步时，都不要不忘记给一点鼓掌、给一点喝彩（但应适度）。

（五）适度压力适度焦虑

压力产生焦虑，焦虑可以变为动力，但前提是适度。人没有压力会不思进取，但过度的压力会打垮人的身心。对于不少青少年而言，目前唯一的任务就是读书。中学生学习负相过重，常给他们带来沉重的心理压力，因为学习压力而陷入痛苦的孩子屡见不鲜。这其中不乏重点学校成绩优秀的学生。这种压力的产生是老师、家长对学生学习现状的不满和不恰当的比较造成的，不能接受孩子的现状，过分注重结果，而使学生体会不到学习的兴趣。诚然，整个社会、整个学校都在比较的氛围中，要家长、学生真正做到放弃比较、接纳自己的确不易。

面对各种考试成绩，为克服焦虑心理，家长要首先让孩子看自己是不是有一点进步。其次，家长和孩子要理智地面对实际水平，订立合适的目标。目标的订立不仅仅使我们明确前进的方向，更起到帮助我们坚定信心的作用。具体来说就是：跟上老师进度，全面掌握知识：保持个人相对独立，查漏补缺；以平常心做题目，不求全、不求多、不求难，弄懂过程才是根本目标；有准备地进入每一堂课，带着兴趣，带着问题，带着目的听课。准备什么呢？就是根据课程的安排，有针对性地预习弱项课程，预习时要弄清下一节课的内容，其中哪些是清楚的，哪些是模糊的，哪些是不懂的，由此确定听课的重点。课后再总结一下，归纳出所讲知识的框架，然后做相关练习。

消除不好意思的心理，多和同学们交流，在讨论中发现他人的好思路、好方法、好心态，这种近距离的交流会使你和大家融为一体，心理压力会减轻。你的学习心态放轻松，听课效率会很快提高。

三、家长如何做好初三孩子的配角

学习这件事，孩子是毫无疑问的主角，父母只是配角。那么如何当好配角，是整个初三学年中，家长要仔细研究的问题。

（一）耐心倾听孩子的话语

要让孩子先说想法，然后再一起探讨。家长要让孩子感受到父母的诚意，如果父母把孩子当作朋友，和孩子平等地交流，孩子才会把父母当成朋友。在孩子的成长过程中，一定会有不少令父母不满意的地方，这是再正常不过的。家长要正确看待孩子成长的不足，少一些抱怨，多为孩子创设良好的、宽松的学习氛围，多给孩子积极的鼓励，不断地让他们去尝试，甚至适当的时候，父母也可以在孩子面前表现自己的不足，这样反而能提高孩子的自信心。

（二）共同制订计划很重要

计划要详细。学习效率的高低不在于学习时间的长短，而在于学习时的用心程度。互相交流而制订的计划对孩子而言是比较容易实施的，也更具有实效性。

（三）恰当使用罗森塔尔效应

期望和赞美能产生奇迹。1960 年，哈佛大学的罗森塔尔博士曾在加州一所学校做过一个著名的实验。新学期，校长对两位教师说："根据过去几年来你们的教学表现，我认定你们是本校最好的教师。为了奖励你们，今年学校特地挑选了一些最聪明的学生给你们教。记住，这些学生的智商比同龄的孩子都要高。"校长再三叮咛："要像平常一样教他们，不要让孩子或家长知道他们是被特意挑选出来的。"这两位教师非常高兴，更加努力教学了。一年之后，这两个班级的学生成绩是全校中最优秀的，甚至比其他班学生的分数值高出许多。这表明信心需要不断地培养、暗示。但要控制信心爆棚，小心孩子们在成绩增长的同时变得刚愎自用。家庭教育不能局限于成绩是否优良，更要培养孩子完整的人格和正确的人生观、价值观。

（四）帮助孩子学会耐压抗挫折

在初三阶段，一个显著的变化就是"三多一少"，即课程多，作业多，考试多，休息时间少。除了质检考、模拟考、毕业考和升学考外，小考小测月月有，甚至周周有，天天有，这时同学们难免会有成绩不理想的情况出现，很容易情绪波动，对自己产生怀疑。面对更概括、更抽象、更难于理解的课程学习，面对更激烈、更紧张的竞争环境，家长要鼓励孩子树立起一种吃苦意识、学习意识、中考意识，做好承受压力、经受挫折、忍耐寂寞的心理准备。其实，在大考前充分暴露自己的失误是件好事，问题暴露得越多越好，发现了漏洞就及时补上。考试之后，看一下哪些不该丢分的地方丢分了，可以将这些题抄到错题本上，将考查重点、易错点用不同颜色的笔勾画出来，反复思考、练习。不必太过于计较分数和名次。在课堂上要紧跟着老师的节奏，与老师多交流，尤其是有不懂的地方要及时间，不留问题过夜。

（五）和谐的家庭环境是中考的保证

有很多即将升入初三的学生家长特别想了解孩子的学习情况，可是很多孩子不愿意和家长沟通、交流，这也是不少家长最着急和头疼的问题。和谐的家庭环境是中考的保证，家庭关系不和谐会影响学生的复习效果和备考心态。有的父母教育孩子的观点不统一，教育孩子的时候态度不一、方法不一，他们先争吵起来了，导致孩子夹在中间成了"受气包"。在教育孩子前，父母必须统一思想，避免矛盾，这样才能教育好孩子。

父母首先应认识到，现在的中学生正处于青春萌动期，他们的生理和心理正在发生剧烈的变化：细胞分裂加快，荷尔蒙分泌起伏不断，内分泌处于失调状态。孩子非常容易出现叛逆、抵触、焦虑、不安、易怒情绪。产生这种情况是正常现象，不必大惊小怪。孩子未成年，自我控制能力不强，有时候他们也是身不由己，不能自我控制。

作为家长，必须采取谅解的心态来沟通，尽量回避冲突，避免矛盾激化。有话让他们说，给他们发泄的机会，不要孩子一有问题就火冒三丈、出言不逊，遇到孩子顶嘴，甚至想打他几下、发泄自己心中的不满。建议家长遇到事不急不躁，先冷静、理智地对待；要善于倾听孩子述说自己的处境、状态和心里的想法；对孩子的成绩不能过分挑剔，"望子成龙"不能超过孩子的实际能力；对孩子多帮助、少指责，平等对待、心平气和；当着外人的面，不能不顾情面地批评孩子，千万不能伤害孩子的自尊心，有问题单独交流沟通。家长的急躁、焦虑，往往会传染给学生，过大压力、不切实际的要求会造成学生和家长的对立。

总之，和谐的家庭关系是孩子搞好中考总复习的保证。父母要处理好与子女的关系，耐心有效地帮助他们，多进行心灵的沟通。作为子女，要理解父母，信任父母；要有感恩思想；要善于倾听他们的忠告；要与家长经常交流，得到他们的帮助。

家庭教育注意事项

文 / 杨菊英工作室

一、家庭教育是最容易出错的地方

其一，我们的父母大多没有受过专门训练。无论是小时候，还是长大、恋爱、成家，无论是在学校还是在社会，很少有人对我们讲"怎么做父母"。即使有人讲过，也只是长辈们。他们或许会说"棒打出孝子""不打不成长"等等这些流传已久的观念，需要我们去反思。要做驾驶员，需要到驾校学习三个月才能拿到执照，而要做父母，三个月能学会吗？父母不同的语言、行为、教育，会在孩子的身上留下不同的烙印。没有经过专门训练的父母们难免会出错。

其二，父母们望子成龙、望女成凤的心理易使家庭教育偏离方向。父母与孩子有天然的感情联系，特别是母子一体，自然产生期待，把自己没实现的、没做成的都寄期望于孩子来完成，难免不切实际。一本《哈佛女孩刘亦婷》卖了几百万册，正是父母们这种心理的反应。父母的过度关心、过度照顾剥夺了孩子成长的空间。《扬子晚报》的记者调查发现，现在的大学生不知道怎么安排生活。其实，他们中的很多人，从小到大不需要考虑除了学习以外的任何事情，这怎么会有成长呢？走向另一个极端的过多限制、过多干涉也会阻碍孩子潜能的释放。我们常常居高临下地对待孩子，以"家长"自居："你是我生的，我让你听，你不听，找揍！"如此家庭教育缺失了人格平等。

其三，很多父母忽略了自己的教育职责。由于社会普遍关注的焦点是学校教育，父母更多考虑的也是学校教育，忽视了自己才是真正的教育基础，才是决定孩子命运的关键。俗话说"三岁看老"。孩童时代所受的教育影响着人的一生。儿童对世界的最初认识源于父母，家庭教育的影响对人刻骨铭心。父母们惯有的家长概念在英文中其实是个贬义词，含有"家长制""非民主"的意思。而要孩子完成一件事，必须有真正的理解、接受，他们才能做好。对教育职责的漠视、教育理念的偏颇，自然导致家庭教育易出错。

二、没有父母的成长，就没有孩子的成长

都说父母是孩子的榜样。通常，优秀孩子成长为优秀人才的背后，总能找到温馨和谐的家庭的影子。同样，一个人形成不健全的人格，也可以从其家庭中找到充满冲突和矛盾的因素。父母们把孩子送到小学、中学时，总喜欢说："老师，这孩子全交给你啦，拜托啦！"其潜台词是"与我无关啦"。其实，撬动地球的手就是推动摇篮的手。好的家庭往往伴随着父母与孩子的共同成长；坏的家庭往往给孩子负面的影响。有这样一个真实的故事可以印证。星期日晚，某校一位初二的孩子在家复习迎考，他的父母邀了几个朋友来家里搓麻将，其响声搅扰了孩子，孩子无奈地说："11 点多了，还打麻将，我明天怎么考试？""麻友"们正在兴头上，对孩子的话不予理睬。孩子生气了，就将电视打开，并把音量调大，弄得左邻右舍上门抗议，他的父母觉得丢了面子，将他打了一顿，孩子连夜出走……朋友们常问我每周有多少时间与孩子在一起，我说由于工作忙，我与孩子的交流并不多，但只要孩子看到我，我一定是在看书、写作。不需要讲话，身教远大于言教嘛！

父母有多少工夫在家读书，家中有多少书，培养出的孩子的境界是不一样的。2004 年，中国出版社协会做了一项调查：我国有 45%的家庭无一本藏书，无一个书柜；韩国有 96.8%的家庭平均有 500 本以上的藏书。没有书香家庭，哪有书香校园，书香社会？父母不进步，又怎能指望孩子成龙、成凤？学习型的家庭中，父母与孩子是共同成长，甚至相互影响的。他们往往有一些成功的影响方式，如亲子共读、亲子通信、讲述成长故事等。父母的成长和孩子的成长一样，是没有止境的过程。父母的不断进步、不断学习，其影响是无形而深刻的。

三、品德重于学问，状态大于方法

家庭教育最重要的任务是建筑人格长城。生活中看人，常常是一俊遮百丑。有了高分数、好成绩，就被看作是好孩子。事实上，影响终身发展的因素中，分数并不是最重要的，起着制约作用的是品德、品格，是做人的快乐，是受人欢迎、尊重，而不是知识学问。点点滴滴的影响，将会为人格的健全发展奠定坚实的基础。我们注意到，不少父母过多地关心学习，只要考出好成绩，什么要求都答应，什么愿望都满足，什么承诺都兑现，但是孩子的品德低下却不被关注，比如有些孩子说谎，拿家里的东西或别人的东西，以自我为中心，不考虑别人的感受……这样的教育理念、方式令人忧虑。如果孩子小时候拿过家中的东西，父母要让他知道，犯这种错误受到的处罚远远胜过考试的失败，让他知道爸爸、妈妈不是很看重分数，而很重视品德。

行为习惯的养成也是很重要的。有的孩子整天丢三落四，今天买的尺子明天丢，钥匙忘记带，天天让父母送，那怎么行？家长应当告知孩子，并做到钥匙再丢就得自己跑回来拿备用钥匙，或者自己想办法回家。孩子或许不乐意，但换来的是钥匙再也不丢了。所以，父母们应充分重视品德习惯的养成教育。

生活毁灭人是无声无息的，有如滴水穿石。同样，生活成就人也是无声无息的。只有关注生活的细节和进程，只有成为生活的主人，才能被生活所成就。新教育实验有句口号："状态大于方法，方法大于苦干。"现实情况恰好相反，是"苦干大于方法，方法大于状态"。实际上，人与人最大的差距是状态。有了状态就有了方法，有了状态就想做事，就有可能成功。此前，复旦大学一位研究生跳楼自杀。他曾是某省的文科高考状元，应当说学习成绩是出类拔萃的，可又怎么样呢？一位学者说过，哲学家与普通工人的差距远小于野狗与家犬的差距。哲人与工人的差距是分工造成的。一个单位里，同工种的人的差距是状态造成的。有些人聪明，但他无所事事，怨天尤人，于是无所成。所以说，最重要的是状态，是精神方法。凡有助于精神状态培养的，就要去做；凡无助的，就要少做或不做。

四、把童年还给孩子

大家经常感慨现在的孩子没有童年、没有快乐，只要进了学校就没有好日子。在入幼儿园前，父母们怀着许多梦想，让孩子弹琴、画画、唱歌、跳舞……一进学校，进了考试圈，很多父母就退出了先前的游戏。当然，学习也不是为了给孩子快乐，而是寄托了许多幻想。逐渐地，现实让他们梦破。到了初中，那些美丽的幻想中的爱好便被斩尽杀绝，剩下的是"苦"。正如孩子们所说："起得最早的是我，睡得最晚的是我，最苦的是我，最累的是我，是我，是我，还是我。"是的，每天早晨天没亮就匆匆赶在路上的是孩子，每天夜晚熄灯最晚的还是孩子。现在的孩子真比农民还苦啊！他们没有享受到应有的幸福。幸福是一种体验，享受着教育的幸福，这是教育的一种境界。追问孩子幸福吗？答案是："不。"可孔子《论语学记》首篇就说："学而时习之，不亦乐乎！"学习应当是快乐的呀。为什么不能让孩子在游戏、活动、玩耍中学习呢？为什么关在书房才叫学习呢？我们的父母，要重视孩子的心理快乐指数啊！

五、无限地相信孩子发展的潜力

赏识导致成功，抱怨导致失败。先让我们从男孩、女孩身上说起吧。我们给女孩的玩具是布娃娃之类，给男孩的玩具常是各种模型，那里面含着我们希望女孩温柔、文静，希望男孩勇敢、活泼的意思。女孩子打架的结果会是挨训："现在就这么疯，以后怎么办呀？"男孩打架的结果是被赞赏："调皮的孩子聪明。"孩子长大了，人们说："女孩到了中学就不行了，男孩子到了中学就好了。"要知道"谎言重复千遍成真理"。女孩子受到的暗示是"不行"，男孩子受到的暗示是"行"，这就使他们产生了不同的状态。倘若你要孩子行，那就要珍爱孩子每一次的成长机会，欣赏他们的成长，欣赏他们的言行。倘若你要孩子不行，那就抱怨、指责他们吧。

现代科学的研究早已证明，人的潜能是巨大的。残疾人周舟不也成了很棒的指挥吗？聋哑女孩周婷成长为美国著名大学的高材生，正是其父周洪赏识教育的杰作。让我们无限地相信孩子发展的潜力吧！

六、让孩子有一样属于自己的东西

父母在培养儿童智力的同时，切不可忽视非智力的培养，应该使年轻一代具有远大的目标、广泛的兴趣、热烈的情感、坚强的意志、独立的性格。人最幸福的事是让他喜欢一件事情，哪怕是种花、养小动物，使业余时间、精力有所寄托。每个孩子，在家庭中、学校中都应有兴趣爱好。教育应该让孩子有一样自己喜欢的东西，他即使考不上大学，也会有健康人生、幸福人生。不同的孩子有不同的价值。很多优秀人才并没有接受正规大学的教育，但他们在成长过程中，学到的诸如善良、勤勉，远远超过大学的收获。每个孩子可以有不同的成长道路，让他喜欢一样东西，会影响孩子一生的生活质量。一个人的精神生活是否快乐，这很重要。

七、让读书成为孩子的生活方式

读书，是孩子们净化灵魂、升华人格的一个非常重要的途径。对于孩子而言，主要任务就是读书。但现在的学生，除了读教科书之外很少读书。一般来说，凡是读书多的孩子，其视野必然开阔，其精神必然充实，其志向必然高远，其追求必然执着。一个人的精神发展史，就是这个人的读书史。读书对于人的成长是最重要的。世界上那些生命力旺盛的民族一定是爱读书的民族，如犹太人。近代史上三个最伟大的人物均来自犹太民族：马克思以唯物辩证法改变了人类对社会的看法，爱因斯坦以相对论确立了崭新的宇宙观，弗洛伊德以精神分析法让人更准确地了解自身。全世界的富有者中，40%是犹太人。诺贝尔奖获得者中，人数最多的也是犹太族人。他们的孩子刚生下来，就用蜂蜜涂在书上让孩子舔，意思是读书才能甜蜜。他们也绝不允许把书踩在脚下。他们每人年均读书 60 本，而中国人均只有 5 本。一个不读书的人是走不远的。是否读书跟是否大学毕业没有关系，书才是真正的大学，才是让人精神成长的乐园。宁静才能致远。读书的人，生活不一定富裕，但他可能是精神富翁。

八、让日记伴随孩子成长

写日记是个好习惯。通过写日记，可以让孩子对自己的学习、生活进行总结和深化思考；可以锻炼他们观察生活的能力和驾驭语言的能力，提高他们的写作水平；可以让子女倾诉自己的情感，调节自己的情绪；可以培养孩子独立的个性和独立处理事情的能力；可以锻炼孩子的意志，开阔他们的心胸，净化他们的心灵。不仅孩子写、老师写，父母也可以写，这方面成功的例子很多，有的甚至彻底改变了一个孩子、一位家长、一所学校的状态。因为要想写得精彩，就必须活得精彩，做得精彩。

工作室简介

杨菊英名师工作室于2014年1月启动，2017年建立了二级工作室，成员是来自10所城乡学校的20名年轻教师。

工作室以"高效智慧英语教学"为研究实践核心，引导成员教师进行专业理论学习，开展教学实

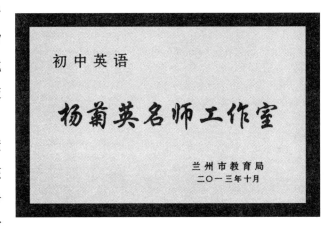

践研究，提高课堂教学效率，解决初中英语教育教学中的一些实际问题，提升成员教师研究意识，促进其专业成长。

教师专业发展是一个积累的过程，在几年的实际工作中，领衔名师杨菊英利用工作室这个平台，以提高初中英语教师教科研能力为目标，带领团队成员认真学习初中新课程教育教学理念，紧紧抓住英语课堂教学的重点和难点问题，聚焦课堂教学实践和研究，大胆进行新课程教学模式和方法的改革，开展学生自主、合作、探究性学习研究，全面提高课堂教学的实效性，努力实现引领、辐射、带动和培养年轻教师的目的。

工作室编写校本教材四本，编辑出版《走在智慧英语教学的路上》一书。成员教师在国家级、省市级教学刊物发表论文三十余篇，参与十余项课题研究，参加各种培训四十多人次，承担各类公开课和培训示范课二十五节，获得省市级和校级优秀荣誉称号三十人次。